D1693979

Lohnadministration – Von der AHV bis zur Quellensteuer

Daniela Vilela

LOHN ADMINISTRATION

Von der AHV bis zur Quellensteuer

Praxis-Leitfaden
mit Fallbeispielen und Lösungen

Umschlag: Atelier Otto Kunz, 3012 Bern
Druck: Schlaefli & Maurer AG, 3661 Uetendorf
Buchbinder: Schumacher AG, 3185 Schmitten
ISBN: 978-3-85621-223-0

www.cosmosverlag.ch
www.cosmosbusiness.ch

Inhaltsverzeichnis

Abkürzungsverzeichnis

AHV	=	Alters- und Hinterbliebenen-Versicherung
ALV	=	Arbeitslosenversicherung
BU	=	Berufsunfall
BSV	=	Bundesamt für Sozialversicherungen
BVG	=	Berufliches Vorsorgegesetz
DBA	=	Doppelbesteuerungsabkommen
EFTA	=	European Free Trade Association
EL	=	Ergänzungsleistungen
EO	=	Erwerbsersatzordnung
ESTV	=	Eidgenössische Steuerverwaltung
EU	=	Europäische Union
FAK	=	Familienausgleichskasse
IV	=	Invalidenversicherung
KMU	=	Kleine und mittlere Unternehmen
KTG	=	Krankentaggeld
KVG	=	Krankenversicherungsgesetz
MSE	=	Mutterschaftsentschädigung
MWST	=	Mehrwertsteuer
NBU	=	Nichtberufsunfall
OECD	=	Organisation for Economic Cooperation and Development
SUVA	=	Schweizerische Unfallversicherungsanstalt
SVA Zürich	=	Sozialversicherungsanstalt Zürich
UVG	=	Unfallversicherungsgesetz
VVG	=	Versicherungsvertragsgesetz
WEF	=	World Economic Forum

Quellenverweis

Steueramt Zürich, Obwalden, Basel-Stadt und -Landschaft, Zug
SVA Zürich und Aargau
ESTV Bern
Bundesamt für Sozialversicherungen (BSV), www.bsv.admin.ch
AHV-IV-Info, www.ahv-iv.info
KV-Unterlagen
Leitfaden Gastrosocial
AXA Winterthur
Ratgeber Sozialversicherungen
Repertorium zum Sozialversicherungsrecht
Beobachter online
Schweizerische Steuerkonferenz
Steuerforum Zürich
Eidgenössisches Departement des Innern
SUVA
K-tipp online, www.ktipp.ch
WEKA Verlag
Arbeitslosenkasse Zürich, www.awa.zh

Einleitung

Fast jede KMU hat heute ein Lohnbuchhaltungsprogramm, auf dem sich Lohnabrechnungen relativ einfach berechnen lassen.

- Doch was steckt hinter all diesen Abzügen und Zulagen?
- Wie wird der Lohn berechnet, wenn ein Kranken- oder Unfalltaggeld ausbezahlt wird?
- Was sind die gesetzlichen Abzüge und was die individuellen?

Heute müssen immer mehr Verantwortliche der Lohnadministration der Geschäftsleitung kompetent Auskunft geben können. Daher ist es wichtig, dass sie wissen, wie sich die Lohnabrechnung zusammensetzt, und sie nicht gegen das Gesetz verstossen, indem sie gewisse Abzüge vergessen oder falsch berechnen.

Dieses Buch gehört in jede Lohnadministration. Es soll als Ratgeber mit wichtigen Informationen, Links und Beispielen dienen.

Sozialversicherungen und ihr Schutz in der Schweiz

Das soziale Netz in der Schweiz reicht weit und ist im internationalen Vergleich gut. Es deckt den finanziellen Schutz vor vielen Risiken ab.

Nachfolgende **zehn Bundesgesetze** gewährleisten diesen Schutz für Personen, die in der Schweiz wohnhaft sind (auch wenn sie nicht erwerbstätig sind) oder hier arbeiten (zum Beispiel Grenzgänger).

Für die Nichterwerbstätigen sind jedoch nur die AHV, IV und EO obligatorisch. Sofern der Ehepartner erwerbstätig ist und mindestens Beiträge über CHF 950.– pro Jahr bezahlt, entfällt die Beitragspflicht für den nicht erwerbstätigen Partner.
Dies wird jedoch noch detailliert im Kapitel AHV behandelt.

Der Einfachheit halber werden diese zehn Bundesgesetze in drei Säulen unterteilt:

1. Säule = die staatliche Vorsorge

Diese ist obligatorisch für alle.

Über die schweizerischen Ausgleichskassen (SVA Zürich usw.) werden folgende Versicherungen abgeschlossen und die Beiträge abgerechnet:

- Die Alters- und Hinterbliebenenversicherung (AHV)
  Alle Personen, die in der Schweiz wohnen oder arbeiten, sind in der AHV obligatorisch versichert. Die Beiträge werden je zur Hälfte von den Arbeitnehmern und den Arbeitgebern bezahlt.
- Die Invalidenversicherung (IV)
  Die Beitragspflicht ist obligatorisch und erfolgt zusammen mit der AHV-Abrechnung.
- Die Ergänzungsleistung (EL)
  Diese wird vollumfänglich durch die öffentliche Hand finanziert.
- Die Militärversicherung (MV)
  Versichert sind alle Personen, die während des Militär-, des Zivilschutz- oder des Zivildienstes verunfallen oder krank werden. Die Leistungen werden vom Bund finanziert.
- Die Erwerbsersatzordnung (EO)
  Diese deckt einen Teil des Lohnausfalls, der Personen entsteht, die Militärdienst oder Zivilschutz leisten.

- Die Arbeitslosenversicherung (ALV)
  Sie erbringt Leistungen bei Arbeitslosigkeit, Kurzarbeit, witterungsbedingten Arbeitsausfällen und bei Insolvenz des Arbeitgebenden. Es besteht eine Beitragspflicht für alle Unselbstständigerwerbenden.
- Familienausgleichskasse (FAK)
  Seit 2009 ist die Familienzulage in Kraft und fast ausschliesslich durch die Arbeitgeber finanziert. Sie schreibt Mindestansätze für die Kinder- und Ausbildungszulagen vor.

Über die SUVA oder private Krankenversicherungen wird folgende Versicherung abgeschlossen:

- Unfallversicherung (UV)
  Alle Arbeitnehmer und Arbeitgeber sind obligatorisch gegen die Folgen von Unfällen versichert. Wir unterscheiden zwischen Berufs- und Nichtberufsunfall.

Über die privaten Krankenversicherungen wird folgende Versicherung abgeschlossen:

- Die Krankenversicherung (KV)
  Ebenfalls eine obligatorische Versicherung zum Schutz bei Krankheit, Mutterschaft und Unfall (sofern dafür keine Unfallversicherung aufkommt).

2. Säule = die berufliche Vorsorge

Diese ist obligatorisch für alle Arbeitnehmer.

Abgeschlossen werden diese Versicherungen bei einer Vorsorgeeinrichtung wie zum Beispiel über eine Sammeleinrichtung des Berufsverbandes, über eine Versicherungsgesellschaft wie AXA Winterthur usw. oder eine Bank.

- Die berufliche Vorsorge (BV) oder 2. Säule
  Betagte, Hinterlassene und Invalide erhalten zusammen mit der AHV-Rente so die Möglichkeit, die gewohnte Lebenshaltung beizubehalten.

Neben all diesen Gesetzen gibt es zusätzlich den Schutz und eine soziale Sicherheit durch Gesamtarbeitsverträge.

3. Säule = individuelle Vorsorge

Diese ist, wie der Name schon sagt, individuell und nicht obligatorisch. Jede Privatperson kann selber darüber entscheiden, ob sie zum Beispiel eine 3. Säule abschliessen möchte oder nicht.

1 Lohnzusammensetzung

Lohn + Gehalt	Lohn gem. Vertrag
+ Zulagen	wie Kinderzulagen, Spesen, Geschäftsfahrzeug
+ allfällige Taggelder	Kranken- und/oder Unfalltaggeld usw.
= Bruttolohn	
– Abzüge	AHV, IV, EO, ALV, NBU, Pensionskasse, KTG usw. ...
= Nettolohn	

Wie setzt sich der Lohn zusammen und ergibt sich schlussendlich der Nettolohn, den der Angestellte ausbezahlt bekommt?

1. Als Erstes kommt der Lohn, der (meistens) vertraglich festgelegt wird. Zu ihm werden jeden Monat, je nach Situation, diverse Zulagen, wie allfällige Taggelder bei Unfall oder Krankheit oder auch Spesen für Essen, Hotelübernachtungen, Fahrspesen, Familienzulagen usw., addiert.

2. Es entsteht der Bruttolohn.

3. Von diesem Bruttolohn werden die jeweiligen Abzüge der obligatorischen Sozialversicherungen wie AHV, IV, EO usw. getätigt. Von welchen Beträgen diese Abzüge erfolgen, wird im Detail bei jedem Kapitel angeschaut.

4. Nach all den Abzügen entsteht der Nettolohn, den der Arbeitnehmer monatlich auf sein Konto ausbezahlt erhält.

5. Dieser kann natürlich je nach Spesen oder speziellen Zulagen (Boni, 13. Monatslohn usw.) variieren und wird deshalb jeden Monat genau abgerechnet.

1.1 Lohn und Gehalt

Wenn wir vom Lohn oder Gehalt reden, meinen wir immer die Summe, die vertraglich zwischen dem Arbeitnehmer und Arbeitgeber vereinbart wurde.

In der Regel wird dieser Lohn brutto vereinbart, das heisst ohne Abzüge. In seltenen Fällen ergibt sich auch die Situation, dass ein Lohn netto vereinbart wird. Ist dies der Fall, so ist es der Betrag, den der Arbeitnehmer ausbezahlt erhält, und beinhaltet bereits sämtliche Abzüge.

Gehen wir davon aus, dass in unserem Fall ein Bruttolohn vereinbart und auf 13 Mal CHF 7000.– festgelegt wurde, da ein 13. Monatslohn ausbezahlt wird.

Bei der monatlichen Lohnabrechnung werden diese CHF 7000.– als erste Position aufgeführt.

1.2 Zulagen

Zu dem vertraglich vereinbarten Lohn kommen jeden Monat alle Zulagen, die der Mitarbeiter zugute hat.

Dies können die Kinderzulagen sein, die in der Regel jeden Monat gleich sind, sowie Spesen (zum Beispiel für ein Mittagessen mit Kunden, Hotelübernachtung für einen Kundenbesuch im Ausland, Kilometergeld für eine Fahrt mit dem Privatfahrzeug zu einem Lieferanten usw.).

Wird ein Krankentaggeld oder das Unfalltaggeld von der Versicherung ausbezahlt, kommt dieses auch zu den Zulagen. Über die genaue Abrechnung mit Taggeldern wird jedoch in den Kapiteln über Kranken- und Unfalltaggeld genauer eingegangen.

 Beispiel: Zulagen Lohnabrechnung Februar 2013

Karl Meier hat laut Vertrag einen Lohn von CHF 7000.– x 13 vereinbart. Im Februar besuchte er eine Verkaufsmesse in Hannover und hat dafür diverse Spesen kreiert. Der Flug wurde direkt von der Marketingabteilung gebucht und bezahlt. Karl Meier hatte damit nichts zu tun. Karl Meier hat zwei Kinder im Alter von drei und sechs Jahren.

Seine Zulagen im Monat Februar 2013 sehen wie folgt aus:

				TOTAL
Lohn	CHF	7000.–		CHF 7000.–
+ Kinderzulagen	CHF	250.–	x 2	CHF 500.–
+ Hotelübernachtung Hannover	CHF	144.–	x 2	CHF 288.–
+ Mittagessen, Pauschalspesen	CHF	25.–	x 3	CHF 75.–
+ Nachtessen mit Kunden	CHF	350.–		CHF 350.–
+ Nachtessen im Hotel	CHF	35.–		CHF 35.–
+ Hoteltransfer und Taxi	CHF	75.–		CHF 75.–
Total Bruttolohn				**CHF 8323.–**

1.3 Abzüge

Wie wir aus der nachstehenden Tabelle ersehen können, folgen auf den entstandenen Bruttolohn nun alle Abzüge wie AHV, IV, EO, ALV, BVG, UVG usw. Auf diese Abzüge und deren Berechnung wird in den folgenden Kapiteln genau eingegangen.

Als Ergebnis haben wir den Nettolohn, der dem Mitarbeiter jeden Monat auf sein Konto überwiesen wird.

Achtung:

In unserem Beispiel oben werden die Abzüge **nicht** auf die tatsächlich angefallenen Spesen, die Herr Meier selber bezahlt hat, vorgenommen. Siehe dazu Kapitel 2.1.5 Massgebender Lohn.

Ebenfalls gibt es keine Abzüge für die Kinderzulagen.

Die Abzüge werden bei Herrn Meier somit nur auf dem Betrag von CHF 7000.– vorgenommen.

Pflichtabzüge	**Arbeitnehmeranteil**	**Arbeitgeberanteil**
AHV	4,2%	4,2%
IV	0,7%	0,7%
EO	0,25%	0,25%
ALV (<126 000)	1,1%	1,1%
ALV-Zusatz (126 000–315 000)	0,5%	0,5%
Betriebsunfall	–	branchenabhängig
Nichtbetriebsunfall	branchenabhängig	branchenabhängig
BVG	nach BVG	nach BVG
FAK	–	nach Kanton
Verwaltungskosten	–	nach Kanton
Freiwillige Abzüge		
– Krankentaggeld	nach Versicherung	nach Versicherung

2 Lohnabrechnung

Wie sieht nun eine Lohnabrechnung im Detail aus?

In diesem Kapitel behandeln wir alle Abzüge, die auf den Bruttolohn erfolgen. Wir gehen dabei Schritt für Schritt vor und fangen mit der AHV, IV, EO an:

2.1 AHV, IV, EO

Pflichtabzüge	**Arbeitnehmeranteil**	**Arbeitgeberanteil**
AHV	**4,2%**	**4,2%**
IV	**0,7%**	**0,7%**
EO	**0,25%**	**0,25%**
ALV (<126 000)	1,1%	1,1%
ALV-Zusatz (126 000–315 000)	0,5%	0,5%
Betriebsunfall	–	branchenabhängig
Nichtbetriebsunfall	branchenabhängig	branchenabhängig
BVG	nach BVG	nach BVG
FAK	–	nach Kanton
Verwaltungskosten	–	nach Kanton
Freiwillige Abzüge		
– Krankentaggeld	nach Versicherung	nach Versicherung

2.1.1 Geschichte der AHV, IV und EO

Die **AHV** ist eine der ältesten Sozialversicherungen der Schweiz. Die Idee dazu entstand schon Ende des 19. Jahrhunderts. Realisiert wurde sie jedoch erst 1947.

Seit 1947 haben wir bereits zehn AHV-Revisionen hinter uns, in denen diese Sozialleistung umgeändert und ergänzt wurde.

Seit 2004 reden wir von einer 11. Revision, welche sich aber bis heute noch nicht durchsetzen konnte und vom Bundesrat anscheinend endgültig versenkt wurde. In dieser wollte man das Rentenalter der Frau von 64 auf 65 erhöhen.

Es ist jedoch sicher davon auszugehen, dass uns früher oder später weitere AHV-Revisionen bevorstehen werden.

Das Rentenalter in der Schweiz ist zurzeit festgelegt bei 64 Jahren bei den Frauen und 65 Jahren bei den Männern.

1960 trat die **Invalidenversicherung** in Kraft. Seither haben wir 5 IV-Revisionen verabschiedet. Die 6. IV-Revision ist bereits geplant beziehungsweise eingeführt: Das Paket 6a ist seit Anfang 2012 in Kraft und soll ein erwartetes Defizit, das zwischen 2019 und 2025 erwartet wird, stark reduzieren. Das Paket 6b soll die IV endgültig sanieren und wieder in die schwarzen Zahlen führen. Es soll bereits 2015 in Kraft treten.

Noch älter als die AHV ist jedoch die **Erwerbsersatzordnung** (EO), die bereits im Zweiten Weltkrieg (1940) zum Schutz der Wehrmänner eingeführt wurde. 2005 ist die Mutterschaftsversicherung dazugekommen.

Zurück zu den Abzügen im täglichen Berufsleben der Gegenwart.

Als Grundlage für die Berechnung der Beiträge an AHV, IV, EO und Arbeitslosenversicherung dient der sogenannte **massgebende Lohn.** Dieser beinhaltet das gesamte Bar- und Naturaleinkommen eines Arbeitnehmers (siehe dazu Kapitel 2.1.5).

2.1.2 Versicherungspflicht

Welche Personen sind AHV-, IV-, EO-pflichtig?

- Erwerbstätige werden ab dem 1. Januar nach dem 17. Geburtstag AHV-, IV-, EO-pflichtig.
- Das im Alter von 18 bis 21 sind die sogenannten Jugendjahre. Ist man in diesem Alter noch in der Schule oder Student, entfällt die Beitragspflicht.
- Ab dem 21. Altersjahr sind alle Personen in der Schweiz, ob erwerbstätig oder nicht, AHV-, IV-, EO-pflichtig. Ab dann müssen 44 Jahre (Frauen 43 Jahre) AHV-Beiträge bezahlt werden, um keine Kürzungen zu erhalten.

2.1.3 Anmeldung

Jeder neu eintretende Mitarbeiter muss umgehend bei der zuständigen Sozialversicherungsanstalt angemeldet werden (in Zürich ist dies die SVA Zürich).

Das Anmeldeformular findet man auf den jeweiligen Homepages der Sozialversicherungsgesellschaften.

2.1.4 Beiträge

Die Beiträge teilen sich die Arbeitgeber und Arbeitnehmer. Insgesamt sind es zurzeit:

AHV 8,4%, das heisst, jeder bezahlt 4,2%
IV 1,4%, das heisst, jeder bezahlt 0,7%
EO 0,5%, das heisst, jeder bezahlt 0,25 %

Die Beiträge zieht der Arbeitgeber dem Mitarbeiter ab – und zwar vom massgebenden Lohn (siehe nachfolgendes Kapitel).

Der Arbeitgeber überweist seinen Anteil und den des Mitarbeiters der Ausgleichskasse.

Für die Beiträge der AHV, IV, EO erhebt die Ausgleichskasse einen sogenannten **Verwaltungskostenbeitrag.** Dieser richtet sich nach der Höhe der Beiträge und variiert je nach Kasse. Dieser Verwaltungskostenbeitrag wird ausschliesslich von dem Arbeitgeber getragen und darf nicht auf den Mitarbeiter überwälzt werden.

2.1.5 Massgebender Lohn

Was gehört alles zum massgebenden Lohn?

- Monatslohn, Prämienlohn (dies kann eine Gewinnbeteiligung sein oder eine persönliche Prämie/ein persönlicher Bonus für individuell gute Leistungen), Stundenlohn, Gratifikationen, Trinkgelder, Lohnfortzahlung infolge Krankheit und Unfalls usw.

Auf alle diese Einkommen müssen AHV-, IV-, EO- und ALV-Beiträge bezahlt werden.

Wichtig:

Spesen (darunter fallen tatsächlich entstandene Spesen, welche der Mitarbeiter bezahlt hat und zurückerstattet bekommt, wie Mittagessen, Hotelübernachtungen, Fahrt- und Benzinkosten mit seinem Privatauto), Kinderzulagen und Versicherungsleistungen von Kranken- und/oder Unfalltaggeldern sind von der AHV, IV, EO und ALV befreit. Das heisst sie sind **nicht abzugspflichtig!**

Als Leitfaden dient das Merkblatt der SVA Zürich (Anhang 1).

 Beispiel:

Lohnabrechnung mit AHV, IV, EO:

Lohn	CHF	6500.–
+ Spesen für 1 Hotelübernachtung	CHF	300.–
Bruttolohn	**CHF**	**6800.–**
- AHV, IV, EO 5,15% von 6500.–	CHF	334.75

Der Arbeitgeber bezahlt ebenfalls 5,15% = CHF 334.75.

2.1.6 Maximal versicherter Lohn

AHV-, IV-, EO-Beiträge auf den Lohn müssen immer bezahlt werden. Egal wie hoch der Lohn ausfällt. Das heisst, jemand, der CHF 3500.– pro Monat verdient, bezahlt ebenso 5,15% AHV-, IV-, EO-Beiträge wie jemand, der CHF 25 000.– pro Monat verdient.

Was heisst nun also maximal versicherter Lohn?

Dieser ist die gesamte Lohnsumme aller Beitragsjahre und dient ausschliesslich für die Berechnung von AHV-Renten.

Dazu nimmt man die Skala 44 (im Anhang) zur Hand und berechnet wie folgt:

- Man rechnet die gesamte Lohnsumme, die man bis jetzt über alle Jahre hinweg verdient hat, zusammen und teilt diese durch 44 beziehungsweise bei Frauen durch 43 Beitragsjahre. So erhält man das durchschnittliche Jahreseinkommen.

  Ist dieses CHF 84 240.– oder mehr, erhält man die **maximale Altersrente** von zurzeit CHF 2340.–.

 Beispiel:

Herr Huber hat in seinen Jahren als kaufmännischer Angestellter insgesamt CHF 2 860 000.– verdient. Jetzt hat er sein Pensionsalter erreicht und berechnet seine Altersrente:

CHF 2 860 000.– : 44 Jahre (immer!) =
durchschnittlicher Lohn von CHF 65 000.–

Er erhält eine Altersrente von zurzeit CHF 2097.–.

Die **minimale Altersrente** liegt zurzeit bei CHF 1170.– bei einem durchschnittlichen Lohn von bis zu CHF 14 040.–.

Wichtig:

Die Beträge der Skala 44 ändern circa alle zwei Jahre. Es empfiehlt sich deshalb, sich jeweils im Januar darüber bei den Sozialversicherungen oder beim Bundesamt für Administration zu informieren.

2.1.7 Beitragslücken

Wird aus Gründen von Reisen, Arbeitspausen usw. keine AHV bezahlt, entstehen die sogenannten Beitragslücken.

Eine solche Lücke kann verhindert werden, indem der minimale Beitrag von CHF 480.– pro Jahr einbezahlt wird. Macht man dies nicht und es entstehen tatsächlich Beitragslücken, muss mit einer Rentenkürzung gerechnet werden.

- Für eine Lücke von einem Jahr wird eine Kürzung von $\frac{1}{44}$ % vorgenommen.

 Beispiel:

Nehmen wir nochmals das vorher erwähnte Beispiel von Herrn Huber und erhalten so ein durchschnittliches Jahreseinkommen von CHF 65 000.–, was zu einer Vollrente von CHF 2097.– führt.

Nehmen wir nun an, dass Herr Huber während einem Jahr nicht berufstätig war, da er eine Weltreise unternommen und vergessen hat, die Beitragslücke von zurzeit CHF 480.– auszugleichen.

Er erhält demnach eine Kürzung seiner Rente um $\frac{1}{44}$ %.

Bei einem Jahr Beitragslücke fällt dies vermutlich noch nicht so stark ins Gewicht. Arbeitet jemand jedoch während mehreren Jahren nicht (aufgrund diverser Auslandsreisen), so kann dies die Rente wesentlich beeinflussen.

Wichtig:

Ist die nicht erwerbstätige Person verheiratet und bezahlt der beitragspflichtige Partner pro Jahr mindestens die doppelte Summe an AHV-Beiträgen (zurzeit CHF 960.–), ist der nicht erwerbstätige Partner dadurch ebenfalls gedeckt und es entsteht keine Beitragslücke!

2.1.8 Bagatelllöhne

In der Fachsprache gibt es ebenfalls noch die sogenannten Bagatelllöhne. Wer in diesen Bereich der Bagatelllöhne fällt, muss keine AHV-, IV-, EO-Beiträge bezahlen. Man kann sich jedoch freiwillig der Beitragspflicht unterstellen und die Beiträge bezahlen.

Was sind überhaupt Bagatelllöhne?

Wer in der Schweiz erwerbstätig ist und weniger als CHF 2300.– Jahreslohn verdient, muss keine AHV-, IV-, EO-Beiträge bezahlen, da es sich hierbei um einen Bagatelllohn handelt (Ausnahme: Hausdienstangestellte – siehe nachfolgendes Kapitel 2.1.9).

2.1.9 Hausdienstarbeit

Von diesen Bagatelllöhnen ausgeschlossen sind die sogenannten Hausdienstarbeiten. Darunter fallen Raumpflegerinnen, Haushalthilfen (das betrifft auch Angestellte für den Garten) und Babysitter, die in privaten Haushalten tätig sind. Für diese Personen müssen die Abzüge immer bezahlt werden, egal wie viel diese Personen verdienen.

Dies ist zum Schutz dieser Personen, damit sie ebenfalls gegen Invalidität, Armut und Tod versichert sind und gegebenenfalls ihnen zustehende Leistungen in Anspruch nehmen können.

Vorgehen und Anmeldung

Der Privathaushalt, der eine Person in der Hausdienstarbeit beschäftigt, muss diese via «vereinfachtes Verfahren» oder «Standardabrechnung» bei der zuständigen Sozialversicherungsanstalt (SVA) anmelden. Beide Formulare sind auf der Homepage der jeweiligen Sozialversicherungsanstalt erhältlich und/oder ersichtlich.

Was ist der Unterschied zwischen diesen beiden Verfahren?

- Beim vereinfachten Verfahren wird vom Privathaushalt (Auftraggeber) direkt eine Art Quellensteuer von 5% des Lohnes abgezogen. Dafür bezahlt die/der Hausdienstangestellte danach keine Einkommenssteuer mehr.

Die Abrechnung dieser Quellensteuer muss jedoch der Privathaushalt, der die Person beschäftigt, tätigen.

- Die Standardabrechnung ist ebenfalls möglich. Dabei muss keine Quellensteuer abgezogen werden und die/der Hausdienstangestellte muss den Lohn selber via Steuererklärung deklarieren – wie gewohnt.

2.1.9.1 Vereinfachtes Lohnabrechnungsverfahren für Hausdienstangestellte

Wie kann eine Lohnabrechnung im vereinfachten Verfahren, das heisst mit Abzug der Quellensteuer, aussehen?

Wir behandeln hier zwei Beispiele, die in der Praxis als Muster verwendet werden können.

Beispiel A ist mit einem fixen Monatslohn und Beispiel B mit einem vereinbarten Stundenlohn.

 Beispiel A

mit fixem Lohn für den Monat Juni 20XX:

Bruttolohn	CHF	450.–
AHV-Beiträge 5,15%	CHF	23.20
ALV-Beiträge 1,1%	CHF	4.95
*NBU 1,5% (Annahme)	CHF	6.75
Steuerabzug 5%	CHF	22.50
Nettolohn	**CHF**	**392.60**

* NBU = bei mehr als 8 Arbeitsstunden pro Woche.

 Beispiel B

mit Stundenlohn für den Monat Juni 20XX:

Grundlohn 25 Std. à CHF 25.–	CHF	625.–
Ferienzuschlag 8,33% von CHF 625.–	CHF	52.10
	CHF	677.20
AHV-Beiträge 5,15%	CHF	34.90
ALV-Beiträge 1,1%	CHF	7.45
Steuerabzug 5%	CHF	33.85
Nettolohn	**CHF**	**601.–**

Auf dieser Lohnabrechnung im Stundenlohn sehen wir bereits den Ferienzuschlag von 8,33%. Dieser ist immer bei Personen, die im Stundenlohn beschäftigt werden, zu entrichten (siehe Kapitel 2.1.10).

2.1.10 Stundenlohn

Bei Mitarbeitern, die im Stundenlohn tätig sind, muss jeden Monat zwingend eine Ferienentschädigung zum Grundlohn bezahlt werden. Dieser Zuschlag muss auch auf dem Lohnausweis ausgewiesen werden.

Der Zuschlag für vier Wochen Ferien im Jahr ist gesetzlich bei monatlich 8,33%, bei fünf Wochen Ferien bei 10,64% und bei sechs Wochen Ferien bei 13,04% festgelegt.

Wie sieht dieser Zuschlag in der Praxis aus?

 Beispiel A:

Nehmen wir an, der Mitarbeiter hat vier Wochen Ferien pro Jahr zugute. Somit wird wie folgt gerechnet:

Grundlohn pro Stunde	CHF	21.–
+ Ferienentschädigung 8,33%	CHF	1.75
Bruttostundenlohn	**CHF**	**22.75**

83 Stunden à CHF 22.75 = CHF 1888.25
= Auszahlung

Hier wird keine AHV usw. abgezogen, da die Freigrenze bei CHF 2300.– liegt (Bagatelllöhne).

 Beispiel B:

Wurde ein 13. Monatssalär mit dem Mitarbeiter verabredet, so würde die Abrechnung wie folgt aussehen:

Grundlohn pro Stunde	CHF	21.–
+ Ferienentschädigung 8,33%	CHF	1.75
= Zwischentotal	CHF	22.75
*13. Monatslohn 8,33%	CHF	1.90
Bruttostundenlohn	**CHF**	**24.65**

* Der Anteil 13. Monatslohn beträgt $\frac{1}{12}$ (8,33%) und wird auf Grundlohn + Ferienentschädigung berechnet.

83 Stunden à CHF 24.65 = CHF 2045.95 (Bruttolohn)

- Hier wird keine AHV usw. abgezogen, da die Freigrenze bei CHF 2300.– liegt (Bagatelllöhne).

Lohnabrechnung mit Lohnprogramm

Auf der folgenden Seite sehen wir eine Lohnabrechnung mittels eines Lohnprogrammes erstellt. Das Beispiel ist inklusive Sozialversicherungsabzügen.

2.1.10.1 Lohnabrechnung mittels Lohnprogramm

PERSONALADMIN, ,

Herr
Meier Hans

8001 Zürich

Lohnabrechnung

Juni/2 2012

Versicherungs-Nr.: 121.2122.1122.21
Pers.-Nr.: 003

Auszahlungsdatum: 27.10.2012
Bankverbindung:
Konto-Nr.:

Zulagen

Lohnart	Bezeichnung	Betrag	Anzahl	Total
101	Stundenlohn	40.00	90.00	3'600.00
400	Spesen nach Belegen	150.00		150.00
FGZ	Ferienzulage (Stundenlöhner)	299.88		299.90
	Bruttolohn			**4'049.90**

Abzüge

Lohnart	Bezeichnung	Betrag	Anzahl	Total
400	AHV-Abzug	3'899.90	5.15	-200.85
401	ALV-Abzug	3'899.90	1.10	-42.90
403	NBUV-Abzug (SUVA)	3'899.90	1.47	-57.20
405	Pensionskasse	200.00		-200.00
406	KTG - Abzug (Männer)	3'899.90	1.00	-39.00
	Total Abzüge			**-539.95**

Auszahlung an Sie	**3'509.95**

SUVA-Basis	3'899.90
SUVA-Lohn	3'899.90
AHV-Basis	3'899.90
AHV-Lohn	3'899.90
ALV-Lohn	3'899.90
AHV-Freigrenze	0
nicht AHV-Pflichtig	0

Ferien-Konto in CHF	0.00
Gratifikations-Konto in CHF	943.62
Ferientage bezogen	3.00
Ferienguthaben in Tagen	17.00
Soll-Arbeitszeit	168.00
IST-Arbeitszeit	90.00
Stundensaldo	-78.00

2.1.11 Selbstständigerwerbende

Ist eine Person selbstständig erwerbend, gibt es einen Pauschalbetrag der Sozialversicherung, der wie folgt aussieht:

- Selbstständigerwerbende bezahlen einen Beitrag von **9,7%** (7,8% AHV + 1,4% IV + 0,5% EO).

Bei einem geringen Einkommen gilt ein reduzierter Beitragssatz. Dieser wird von der Ausgleichskasse aufgrund des steuerbaren Einkommens berechnet.

Im Kapitel 2.11 wird über sämtliche Abzüge im Bereich selbstständig erwerbend genau eingegangen.

2.1.12 Rentenalter

Oft arbeitet eine Person auch noch im Rentenalter stunden- oder tageweise in einem Betrieb weiter.

In diesem Fall müssen weiterhin AHV-, IV-, EO-Beiträge bezahlt werden.

ALV-Beiträge müssen jedoch nicht bezahlt werden, da der Rentner keinen Anspruch mehr auf Arbeitslosengeld hat.

Wichtig:

Es gibt eine **Freigrenze** von jährlich CHF 16 800.– (= monatlich CHF 1400.– pro Arbeitgeber). Erhält der Rentner also zum Beispiel einen Monatslohn von CHF 850.–, müssen keine Sozialabzüge bezahlt werden.

 Beispiel:

Ein Rentner arbeitet als Ferienaushilfe bei seinem ehemaligen Arbeitgeber und bezieht monatlich einen Lohn von CHF 1600.–.

Wie sieht seine Lohnabrechnung aus?

Lohn	CHF	1600.–
– Freigrenze	CHF	1400.–
= AHV-pflichtiger Lohn	**CHF**	**200.–**
– AHV usw. 5,15%	**CHF**	**10.30**
Nettolohn	**CHF**	**1589.70**

2.1.13 Altersrente

Die Altersrenten 2013 bei 44 Beitragsjahren sind wie folgt festgelegt und auf der Skala 44 ersichtlich:

• Die minimale Altersrente bei lückenloser Beitragsdauer	pro Monat	CHF 1170.–
• Die maximale Altersrente bei lückenloser Beitragsdauer	pro Monat	CHF 2340.–
• Maximale Ehepaarrente bei lückenloser Beitragsdauer	pro Monat	CHF 3510.–

Wichtig:

Diese Renten beziehungsweise die Skala 44 ändert rund alle zwei Jahre. Unbedingt immer Anfang Jahr prüfen, ob es eine neue Version gibt.

2.1.14 Rentenvorbezug, Rentenaufschub

Ein **Rentenvorbezug** von ein oder zwei Jahren ist möglich. Die Altersrente wird jedoch um 6,8% pro vorbezogenes Jahr gekürzt, und zwar für den Rest des Lebens. Frauen hingegen müssen mit einer Kürzung von lediglich 3,4% rechnen. Auch bei ihnen ist ein Vorbezug von maximal zwei Jahren möglich.

Gut zu wissen ist, dass auch bei einem vorzeitigen Rentenbezug der AHV sofort die Ergänzungsleistungen beantragt werden können, sollte die Rente alleine nicht ausreichen.

Im Gegenzug ist auch ein **Rentenaufschub** möglich. Dieser Aufschub ist um ein bis fünf Jahre möglich. Bei einem Jahr Aufschub erhält man 5,2% mehr Rente, bei zwei Jahren 10,8% und bei drei Jahren sogar 17,1%.

Es muss jedoch beachtet werden, dass sowohl die Altersrenten wie auch alle allfälligen Einkommen und Pensionsgelder der zweiten Säule zu 100% versteuert werden müssen. Es lohnt sich deshalb sicher, im Vorfeld abzuklären, wie sich dies auf die Steuerprogression auswirkt.

Anmeldung:

- Der Rentenvorbezug muss unbedingt spätestens bis zum letzten Tag des Monats, in welchem das entsprechende Altersjahr vollendet ist, eingereicht werden. Ansonsten muss man ein weiteres Jahr warten!
- Der Rentenaufschub hingegen muss spätestens innerhalb eines Jahres nach dem Erreichen des ordentlichen Rentenalters gemeldet werden.

Es gibt diesbezüglich Formulare bei den AHV-Ausgleichskassen.

2.1.15 Ausnahmen vom beitragspflichtigen Lohn

In diesem Kapitel wollen wir nochmals kurz auf diejenigen Zulagen und Entschädigungen eingehen, die von der AHV-Pflicht befreit sind.

Beim Erstellen der Lohnabrechnungen ist es sehr wichtig, diese Ausnahmen zu kennen, um dem Mitarbeiter keine AHV-, IV- und EO-Abzüge auf diese befreiten Beträge zu tätigen.

Wird die Lohnabrechnung mittels Lohnprogramm erstellt, erfolgt dies automatisch. Es ist aber auch hier sinnvoll, dass man diese Ausnahmen kennt und den Mitarbeitern oder der Geschäftsleitung erklären kann, warum hier keine Abzüge getätigt wurden.

In der Fachsprache spricht man hier vom **nicht massgebenden Lohn,** und es sind dies unter anderem folgende Zulagen:

- Familienzulagen (Kinderzulagen, Geburtszulagen usw.)
- Versicherungsleistungen der Kranken- und Unfallversicherung sowie Militärsold und/oder Sold für Zivildienstleistende
- Entschädigungen für Berufswäsche, -kleider und -werkzeuge gemäss Art. 30 L-GAV
- Beruflich bedingte Umzugsentschädigungen des Arbeitnehmers
- Beiträge der Arbeitgeber an die Familienausgleichskasse
- Naturalgeschenke im Wert von weniger als CHF 500.– pro Jahr
- Leistungen von Fürsorgeeinrichtungen
- Abgabe eines Abonnements für den öffentlichen Verkehr, das auch für Geschäftsreisen verwendet wird.

Ebenfalls **nicht AHV-pflichtig** sind Kosten, die dem Arbeitnehmer bei dessen Arbeit zusätzlich entstehen (Spesen) und von ihm selbst bezahlt wurden und mittels Spesenabrechnung Ende Monat zurückgefordert werden:

- Berufliche Reisekosten (Fahrtkosten, Unterkunft, Verpflegung)
- Repräsentationskosten und Auslagen bei Kundenbewirtung
- Berufliche Aus- und Weiterbildungskosten, die eng mit der beruflichen Tätigkeit verbunden sind.

2.1.16 Bis wann müssen die AHV-Beiträge bezahlt sein?

Dies ist sehr wichtig für die zuständigen Personen in der Personalsowie Lohnbuchhaltung.

Die Beiträge für die AHV, IV, EO müssen jeweils bis zum 10. des Folgemonats bezahlt werden. Ab dem 11. Tag wird ein Verzugszins belastet.

2.1.17 Voraussetzungen für eine AHV-Witwen-/ -Witwerrente

Dieses Kapitel ist wichtig für Privatpersonen, jedoch auch für Angestellte im Personalwesen, da sie die Witwe des verstorbenen Mitarbeiters in dieser Angelegenheit unterstützen und/oder beraten können.

- Wann erhält eine **verheiratete** Frau eine Witwenrente der AHV?
  - Sie muss mindestens 45 Jahre alt und 5 Jahre verheiratet gewesen sein
  - oder sie muss zum Zeitpunkt der Verwitwung mindestens ein Kind haben.
- Eine **geschiedene** Frau, deren ehemaliger Gatte verstorben ist, hat unter gewissen Bedingungen ebenfalls Anspruch auf eine Witwenrente:
  - wenn sie Kinder haben und die Ehe mindestens 10 Jahre gedauert hat,

- wenn sie bei der Scheidung mindestens 45 Jahre alt war und mindestens 10 Jahre verheiratet war,
- wenn das jüngste Kind sein 18. Lebensjahr vollendet, nachdem die geschiedene Mutter mindestens 45 Jahre alt geworden ist.

Erfüllt eine geschiedene Frau diese Ansprüche nicht, hat sie trotzdem einen Anspruch auf eine Witwenrente, bis das jüngste Kind das 18. Lebensjahr vollendet hat.

- Unter welchen Umständen erhalten **Männer** eine Witwerrente?
  - Ein verheirateter oder geschiedener Mann erhält nur dann eine Witwerrente aus der AHV, wenn ein Kind vorhanden ist und unter 18 Jahre alt ist.

2.1.18 Übungen zum Selbsttest

Annahme bei allen Übungen: NBU-Prämie 2% Arbeitnehmer, KTG-Prämie je 1% Arbeitnehmer, Arbeitgeber
(Lösungen S. 175/176)

Fall 1

Frau Schneider, Angestellte einer Modeboutique, erhält einen Bruttolohn von CHF 6000.–. Erstellen Sie Frau Schneiders Lohnabrechnung mit allen möglichen Abzügen (das BVG berücksichtigen wir hier nicht):

Fall 2

Frau Lehmann arbeitet in einer Chemiefirma, welche das 100-Jahr-Jubiläum feiert. Zum Dank für ihre Mitarbeit erhält Frau Lehmann im Monat August CHF 1300.– in bar ausbezahlt – zusammen mit einem Blumenstrauss und ihrem normalen Bruttolohn von CHF 5400.–.

a) Wie hoch ist der beitragspflichtige AHV-Lohn im August?
b) Wie wäre es, wenn Frau Lehmann statt die CHF 1300.– in bar einen Gutschein von CHF 1300.– erhalten hätte?

Fall 3

Herr Moser ist selbstständig. Er arbeitet als Malermeister. Angestellte hat er keine. In den Sommerferien arbeitet jeweils sein 14-jähriger Sohn mit und verdient so ein kleines Taschengeld.

Herr Moser machte im Kalenderjahr einen Jahresumsatz von CHF 160 000.–. Die Summe für Material, Miete, Verwaltung und übrigen Aufwand (Lohn des Sohnes, AHV-Beiträge) beträgt total CHF 70 000.–.

Herr Moser weist somit einen Gewinn von CHF 90 000.– aus. In diesem Gewinn sind eigene bezahlte AHV-Beiträge von CHF 9000.– enthalten.

Berechnen Sie den AHV-Beitrag von Herrn Moser. Zusätzlich beantworten Sie bitte noch folgende Frage: Bis wann, schätzen Sie, wird er die definitive Rechnung erhalten (Annahme: Verwaltungskosten der AHV = 2% des AHV-Beitrages)?

Fall 4

Wer haftet, wenn die abgezogenen AHV-Beitrage nicht an die Ausgleichskasse weitergeleitet werden?

Fall 5

Wie wird die AHV finanziert, beziehungsweise wie nennt sich das System?

2.2 ALV

Pflichtabzüge	**Arbeitnehmeranteil**	**Arbeitgeberanteil**
AHV	4,2%	4,2%
IV	0,7%	0,7%
EO	0,25%	0,25%
ALV (<126 000)	**1,1%**	**1,1%**
ALV-Zusatz (126 000–315 000)	**0,5%**	**0,5%**
Betriebsunfall	–	branchenabhängig
Nichtbetriebsunfall	branchenabhängig	branchenabhängig
BVG	nach BVG	nach BVG
FAK	–	nach Kanton
Verwaltungskosten	–	nach Kanton
Freiwillige Abzüge		
– Krankentaggeld	nach Versicherung	nach Versicherung

Die ALV ist seit 1983 in Kraft.

2.2.1 Versicherungspflicht

Die Arbeitslosenversicherung gehört ebenfalls zu den obligatorischen Sozialversicherungen.

Sie erbringt Leistungen bei:

- Arbeitslosigkeit
- Entschädigung bei Schlechtwetter
- Kurzarbeit
- Zahlungsunfähigkeit des Arbeitgebers

2.2.2 Anmeldung

Die Anmeldung erfolgt ebenfalls bei der zuständigen Ausgleichskasse (zum Beispiel SVA Zürich) durch den Arbeitgeber.

2.2.3 Höhe der Beiträge

Alle AHV-beitragspflichtigen Arbeitnehmer und Arbeitgeber müssen ihren Beitrag an die ALV leisten.

Wie auf dem Schema vorne aufgeführt, sind dies folgende Lohnprozent-Anteile:

- Bis zu einem Monatslohn von CHF 10 500.– 2,2%
  (= Jahreslohn von CHF 126 000.–)
  Beitrag je zur Hälfte Arbeitnehmer, Arbeitgeber
  Maximaler Beitrag: CHF 2772.– pro Jahr

- Zwischen einem Monatslohn von CH 10 500.– und 26 250.– wird ein Solidaritätsbeitrag bezahlt 1%
  (= Jahreslohn zwischen CHF 126 000.– und 315 000.–)
  Beitrag je zur Hälfte Arbeitnehmer, Arbeitgeber
  Maximaler Beitrag: CHF 1890.– pro Jahr
  (CHF 315 000.– - 126 000.– = CHF 189 000.–)

Werden zusätzliche Lohnbestandteile wie der 13. Monatslohn bezahlt, muss immer die ALV-Obergrenze von CHF 126 000.– beziehungsweise CHF 315 000.– beachtet werden.

Werden diese Obergrenzen überschritten, muss kein ALV-Beitrag mehr geleistet werden.

Anmerkung:

Zurzeit wird darüber diskutiert, ob für Löhne über CHF 315 000.– ebenfalls ein Solidaritätsabzug eingeführt werden soll. Diese Diskussion wird jedoch noch eine Weile andauern.

Wichtig:

Die Begrenzung der ALV-Beiträge gilt für jedes einzelne Arbeitsverhältnis.

Hat also ein Arbeitnehmer mehrere Arbeitgeber, muss bei jedem dieser Arbeitsverhältnisse der ALV-Beitrag geleistet werden, und zwar bis zur Obergrenze von CHF 126 000.– beziehungsweise CHF 315 000.–.

2.2.3.1 Lohnabrechnung mittels Lohnprogramm

Frau
Trudi Müller

8050 zürich

Lohnabrechnung

Juni/4 2012

Versicherungs-Nr.: 166.1666.6111.11
Pers.-Nr.: 004

Auszahlungsdatum: 27.10.2012
Bankverbindung:
Konto-Nr.:

Zulagen

Lohnart	Bezeichnung	Betrag	Anzahl	Faktor	Total
100	Lohn & Gehalt	12'500.00			12'500.00
400	Spesen nach Belegen	750.00			750.00
500	Geschäftsfahrzeug	18'000.00	0.80		144.00
	Bruttolohn				**13'394.00**

Abzüge

Lohnart	Bezeichnung	Betrag	Anzahl	Faktor	Total
400	AHV-Abzug	12'644.00	5.15		-651.15
401	ALV-Abzug	10'500.00	1.10		-115.50
402	ALVZ	2'144.00	0.50		-10.70
403	NBUV-Abzug (SUVA)	10'500.00	1.47		-154.05
405	Pensionskasse	800.00			-800.00
407	KTG - Abzug (Frauen)	12'644.00	1.20		-151.75
500	Ausgleich Geschäftsfahrzeug	18'000.00	0.80		-144.00
	Total Abzüge				**-2'027.15**

Auszahlung an Sie **11'366.85**

SUVA-Basis	12'644.00
SUVA-Lohn	10'500.00
AHV-Basis	12'644.00
AHV-Lohn	12'644.00
ALV-Lohn	10'500.00
AHV-Freigrenze	0
nicht AHV-Pflichtig	0

Ferien-Konto in CHF	0.00
Gratifikations-Konto in CHF	0.00
Ferientage bezogen	1.00
Ferienguthaben in Tagen	24.00
Soll-Arbeitszeit	168.00
IST-Arbeitszeit	195.00
Stundensaldo	27.00

2.2.4 Beiträge an die ALV im Rentenalter

Sind Personen im AHV-Rentenalter (Männer ab 65, Frauen ab 64 Jahren) und arbeiten weiterhin (egal ob stundenweise oder Vollzeit), entfällt die ALV-Beitragspflicht, da eine Person im Rentenalter auch keinen Anspruch mehr auf Leistungen der ALV hat.

2.2.5 Beiträge bei Selbstständigkeit

Selbstständigerwerbende bezahlen ebenfalls keine ALV-Beiträge, da diese keinen Anspruch auf Bezug von Arbeitslosentaggeldern haben.

2.2.6 Abrechnung der ALV-Beiträge

Die Arbeitgeber rechnen die geschuldeten Beiträge für die ALV zusammen mit den AHV-, IV-, EO-Beiträgen spätestens Ende Jahr oder aber bei Austritt des Mitarbeiters mit ihrer Ausgleichskasse ab.

Dabei werden die geschuldeten Beiträge mit den bereits bezahlten Beiträgen verglichen. Entsteht dabei eine Differenz, wird dieser Betrag nachbezahlt oder kann mit den nächsten Monaten ausgeglichen werden. Bis zur Schlussrechnung muss jedoch diese Differenz beglichen worden sein.

Ist ein Arbeitnehmer kein ganzes Jahr in der Firma beschäftigt gewesen, ist die Höchstgrenze anteilsmässig zu berechnen.

 Beispiel:

War der Mitarbeiter insgesamt 125 Tage beschäftigt, so ergibt sich folgende Abrechnung:

CHF 126 000.– : 360 x 125 = CHF 43 750.– Höchstgrenze, auf welche der ALV-Beitrag bezahlt werden muss.

Abrechnungsformulare gibt es bei der Ausgleichskasse.

Wichtig:

Der Arbeitgeber ist verpflichtet, die Arbeitslosenbeiträge korrekt abzurechnen und zu bezahlen. Dies wird regelmässig von der Ausgleichskasse kontrolliert und überwacht.

Auf die ALV-Beiträge entfällt kein Verwaltungskostenbeitrag.

2.2.7 Pflichten des Arbeitgebers bei Arbeitslosigkeit

Wird ein Arbeitnehmer bei Austritt arbeitslos (es kann auch einen früheren Arbeitnehmer betreffen, welcher bereits ausgeschieden ist), muss der Arbeitgeber – auf Verlangen – das Formular «Arbeitgeberbescheinigung» der Arbeitslosenkasse ausfüllen.

Darin müssen Angaben über die Dauer, Auflösungsgrund und ausbezahlte Löhne ersichtlich sein.

Ein Nichtausfüllen ist strafbar.

2.2.8 Übung zum Selbsttest

Annahme bei allen Übungen: NBU-Prämie 2% Arbeitnehmer, KTG-Prämie je 1% Arbeitnehmer, Arbeitgeber (Lösungen S. 176)

Fall 6

Herr Notter arbeitet bei der Firma Solar AG und bezieht einen monatlichen Lohn von CHF 11 500.– und CHF 300.– Pauschalspesen. Es wurde ein 13. Monatslohn vereinbart. Der jährliche BVG-Beitrag beträgt CHF 10 800.–, dieser wird zur Hälfte zwischen Herrn Notter und dem Arbeitgeber aufgeteilt. Erstellen Sie die Lohnabrechnung:

a) für einen Monat
b) für den 13. Monatslohn

2.3 Unfallversicherung

Pflichtabzüge	**Arbeitnehmeranteil**	**Arbeitgeberanteil**
AHV	4,2%	4,2%
IV	0,7%	0,7%
EO	0,25%	0,25%
ALV (<126 000)	1,1%	1,1%
ALV-Zusatz (126 000–315 000)	0,5%	0,5%
Betriebsunfall	**–**	**branchenabhängig**
Nichtbetriebsunfall	branchenabhängig	branchenabhängig
BVG	nach BVG	nach BVG
FAK	–	nach Kanton
Verwaltungskosten	–	nach Kanton
Freiwillige Abzüge		
– Krankentaggeld	nach Versicherung	nach Versicherung

2.3.1 Berufsunfallversicherung

2.3.1.1 Versicherungspflicht und Anmeldung

In der Schweiz müssen alle Arbeitnehmer gegen Berufsunfall versichert werden. Auch diese Versicherung untersteht einem Bundesgesetz – dem Bundesgesetz über Unfallversicherung (UVG).

Die Arbeitgeber können diese Versicherung bei der SUVA abschliessen oder auch bei allen zugelassenen Unfallversicherern wie zum Beispiel AXA Winterthur, Basler Versicherung usw.

Die SUVA und die zugelassenen Versicherer unterstehen dem UVG des Bundes und müssen mindestens den Versicherungsschutz des UVG gewähren.

Die zugelassenen Versicherer dürfen jedoch im Gegensatz zu der SUVA auch weiter reichende Leistungen erbringen, zum Beispiel vollen Erwerbsersatz durch ein Unfalltaggeld.

Ein Vergleich lohnt sich sicherlich.

Welche Leistungen sind durch die Versicherung gedeckt?

Die obligatorische Berufsunfallversicherung übernimmt nach Unfällen und Berufskrankheiten die Kosten für die medizinische Behandlung und leistet finanzielle Unterstützung durch Taggelder, Witwenrente, IV-Renten.

Ausnahme:

Eine Ausnahme sind auch hier die in der Schweiz wohnhaften Selbstständigerwerbenden, die der obligatorischen Versicherungspflicht nicht unterstehen.

2.3.1.2 Beginn und Ende der Versicherung

Der Versicherungsschutz beginnt vom ersten Tag an, an dem der Arbeitgeber gemäss Arbeitsvertrag seine Arbeit antritt, und endet am 30. Tag nach Austritt aus der Firma oder an dem Tag, an dem der Anspruch auf mindestens den halben Lohn aufhört.

Achtung:

Die Frist bis 30 Tage nach Austritt gilt nur, wenn neben der Berufsunfallversicherung ebenfalls eine Nichtberufsunfallversicherung besteht.

Arbeitet eine Person jedoch weniger als acht Stunden pro Woche, ist eine Nichtberufsunfallversicherung nicht obligatorisch.

Was heisst das in der Praxis für den Mitarbeiter?

Tritt der Mitarbeiter aus der Firma aus, endet der Versicherungsschutz mit der Rückkehr an den Wohnort. Das heisst also, dass der Versicherungsschutz am selben Tag erlischt, an dem der Mitarbeiter bei der Firma austritt.

2.3.1.3 Was gilt als Berufsunfall?

Gemäss UVG gilt als Berufsunfall ein Unfall, der der versicherten Person zustösst

- bei Arbeiten, die sie auf Anordnung des Arbeitgebers oder in dessen Interesse ausführt;
- während der Pause sowie vor und nach der Arbeit, wenn sie sich auf der Arbeitsstätte oder in deren Gefahrenbereich aufhält;
- auf dem Arbeitsweg, aber nur für Teilzeitangestellte, die weniger als acht Stunden pro Woche für einen Arbeitgeber arbeiten.

2.3.1.4 Die fünf Tatbestandsmerkmale des Begriffes Unfall

Ein Unfall muss fünf Tatbestandsmerkmale erfüllen, damit er als Unfall deklariert wird.

Es muss sich um eine
- plötzliche
- nicht beabsichtigte
- schädigende Einwirkung
- eines ungewöhnlichen
- äusseren Faktors

auf den menschlichen Körper handeln, die eine gesundheitliche Beeinträchtigung oder sogar den Tod zur Folge hat.

2.3.1.5 Beiträge

Die Prämie geht voll zulasten der Arbeitgeber.

Die Höhe der Prämie ist von der jeweiligen Branche abhängig. Die SUVA hat diesbezüglich ihre Kunden in verschiedene Betriebsmerkmale wie Unfallgefahr usw. (zurzeit bestehen 50 Klassen der Betriebsmerkmale) unterteilt. Je höher das Risiko einer Branche ist, dass es zu Unfällen kommen kann, desto höher sind die Prämien.

Die Baubranche bezahlt sicher mehr Prämie als eine Treuhandfirma mit relativ geringem Berufsunfallrisiko.

Der maximal versicherte Lohn beträgt auch hier CHF 126 000.–.

2.3.1.6 Leistungen und Lohnfortzahlung

Die Unfallversicherung übernimmt nicht nur die Heilungskosten, sondern zusätzlich 80% des Bruttolohnes (ab dem 3.Tag) bei teilweiser oder voller Arbeitsunfähigkeit.

Ist ein verunfallter Arbeitnehmer unterstützungspflichtig, muss der Arbeitgeber während der im OR Art. 324a vorgeschriebenen Dauer die Differenz auf 100% des Bruttolohnes auszahlen.

Lohnbestandteile, die den Höchstbetrag des versicherten Verdienstes gemäss Unfallversicherungsgesetz übersteigen, sind von den Arbeitgebern mindestens während der in Art. 324a OR vorgeschriebenen Dauer zu bezahlen.

Die Lohnfortzahlungspflicht der Arbeitgeber ist jedoch nicht unbeschränkt. Gibt es keinen Gesamtarbeitsvertrag usw., der eine längere Dauer in Betracht zieht, so wird in der Praxis die sogenannte Basler, Berner und Zürcher Skala (siehe Anhang 3) durchgesetzt und ist massgebend für die Dauer der Lohnfortzahlung.

 Beispiel:

Ein Mitarbeiter ist im dritten Anstellungsjahr bei einer Chemiefirma und verunfallt schwer. In allen Kantonen hat der Arbeitgeber eine Lohnfortzahlungspflicht von neun Wochen!

Diese Skala ist jedoch nicht immer gleich. In der Regel ist die Zürcher Skala die grosszügigste, was die Lohnfortzahlungspflicht betrifft.

2.3.1.7 Wer erhält die Taggeldzahlung der Versicherung?

Die Versicherung bezahlt die 80% Taggelder dem Versicherer, das heisst also dem Arbeitgeber.

Die Arbeitgeber sind verpflichtet, mindestens diese 80% dem verunfallten Arbeitnehmer weiterzuleiten.

Diese Taggelder unterstehen nicht den Sozialversicherungsbeiträgen wie AHV, IV, EO und ALV (siehe Muster-Lohnabrechnung im Kapitel 2.3.1.19).

2.3.1.8 Unfall auf dem Arbeitsweg

Generell gilt, dass der Arbeitsweg in den Bereich der Nichtberufsunfallversicherung fällt.

Eine Ausnahme sind die Teilzeitangestellten mit weniger als acht Arbeitsstunden pro Woche. Da diese nicht in der Nichtberufsunfallversicherung versichert sind, sind sie auf dem Arbeitsweg ebenfalls durch die Berufsunfallversicherung gedeckt.

Für Arbeitnehmer, die unterstützungspflichtig sind, muss der Arbeitgeber zusätzlich noch für die Aufzahlungspflicht (Differenz zu 100% des Bruttolohnes) aufkommen.

2.3.1.9 Was gilt als Arbeitsweg?

Der Arbeitsweg ist grundsätzlich der direkte Weg zwischen dem Wohn- und dem Arbeitsort. Heutzutage gilt auch ein kleiner Unterbruch von bis zu einer Stunde ohne weitere Begründung als Arbeitsweg (kurzes Einkaufen, Kaffee trinken).

2.3.1.10 Arbeitnehmer im Ausland

Welcher Unfallversicherung untersteht ein Arbeitnehmer, der für einen schweizerischen Arbeitgeber ins Ausland gesandt wird?

Grundsätzlich gilt bei den Sozialversicherungen das Territorialitätsprinzip.

Was heisst das in der Praxis?

Es gilt folgende Regelung gemäss UVG:

«Sind Arbeitnehmer in der Schweiz bereits obligatorisch gegen Unfall versichert und werden nun für zwei Jahre für einen Arbeitgeber in der Schweiz ins Ausland entsendet, unterstehen sie weiterhin der schweizerischen Unfallversicherung.»

Diese Dauer kann mit einem Gesuch bis zu sechs Jahre verlängert werden.

2.3.1.11 Unterschied Betriebsunfallversicherung – private Unfallversicherung

Zwischen der SUVA und der Unfallversicherung in der privaten Krankenkasse gibt es einige wesentliche Unterschiede. Normalerweise sind nur Personen, die nicht erwerbstätig sind, in der privaten Krankenkasse gegen Unfall versichert, da alle anderen Personen obligatorisch über die Berufs- (BU) beziehungsweise Nichtberufsunfallversicherung (NBU) gedeckt sind.

Ergibt sich jedoch die Situation der Abredeversicherung in der Nichtberufsunfallversicherung, ist es gut zu wissen, welches die Unterschiede sind und dass es sich mehr als nur lohnt, diese Abredeversicherung abzuschliessen (siehe dazu auch Kapitel 2.3.2.5).

- Die SUVA kennt keine Franchise und keinen Selbstbehalt für den Versicherungsnehmer.
- Erhält ein Versicherungsnehmer eine Rente aus der Unfallversicherung, ist diese lebenslang.
- Bei der Krankenkasse läuft diese Rente nur zwei Jahre, wie bei einer Krankheit.
- Im UVG gibt es eine Zusatzversicherung. Diese legt zum Beispiel ein IV-Kapital oder ein Todesfallkapital fest.

2.3.1.12 Franchise/Selbstbehalt

Wie oben bereits bemerkt, gibt es weder bei der NBU noch bei der BU eine Franchise oder einen Selbstbehalt.

2.3.1.13 Unfall-Zusatzversicherung

Wie erwähnt können die zugelassenen Versicherer im Gegensatz zu der SUVA eine Unfall-Zusatzversicherung anbieten. Diese Zusatzversicherung bietet die Möglichkeit einer Privatpatientendeckung weltweit (bei Mitarbeitern, die viel im Ausland unterwegs sind) sowie den Einschluss von IV-Kapital, Todesfallkapital oder auch Taggeldern ab dem 1.Tag bis zu 100% Lohn (anstelle der 80% gemäss UVG).

Sie muss jedoch separat abgeschlossen werden, sofern der Mitarbeiter dies wünscht.

2.3.1.14 Abrechnung

Sobald die Versicherungsleistung beim Arbeitgeber eintritt, muss die Lohnabrechnung entsprechend angepasst werden.

Es kann durchaus sein, dass die Taggelder der Unfallversicherung erst nach ein bis zwei Monaten eintreffen. Bitte rechnen Sie die Taggelder erst auf der Lohnabrechnung ab, wenn Sie diese erhalten haben.

Wie sieht dies in der Praxis aus?

 Beispiel:

Frau Schneider arbeitet 50% in einer Treuhandfirma und erhält einen Bruttolohn von CHF 3900.–.

Sie hatte einen kleinen Unfall, und die Treuhandfirma erhält heute die Entschädigung von der SUVA über CHF 900.–.

Die Lohnabrechnung im laufenden Monat sieht wie folgt aus:

Bruttolohn	CHF	3000.–
UVG-Versicherungsleistung	**CHF**	**900.–**
Ergibt für Frau Schneider den gewohnten Bruttolohn von	CHF	3900.–

Abzüge

AHV, IV, EO, ALV usw. werden nur von den CHF 3000.– abgezogen. Die Versicherungsleistungen sind nicht abzugspflichtig.

Im Kapitel 2.3.1.19 ist ein Muster einer solchen Lohnabrechnung mittels Lohnprogramm abgebildet.

Wichtig:

Der Arbeitgeber erhält nebst dem Taggeld von der SUVA noch eine Entschädigung von 1%. Dieses 1% ist ein Beitrag für die Formularausfüllung und muss dem Arbeitnehmer nicht weitergegeben werden.

Der Arbeitgeber kann dieses 1% also für sich gutschreiben.

2.3.1.15 Bagatellunfall

Was ist ein Bagatellunfall?

Als Bagatellunfall wird ein Unfall bezeichnet, bei dem kein Taggeld zum Tragen kommt. Das heisst, der Arbeitsausfall infolge des Unfalls dauerte nicht länger als maximal drei Tage oder der Mitarbeiter war gar nie arbeitsunfähig, wie zum Beispiel bei einem Zeckenbiss.

Bei der Unfallmeldung auf der Homepage der zuständigen Versicherung wählt man dabei als Schadenmeldung die Schadenart «Bagatellunfall».

2.3.1.16 Integritätszahlung

Erleidet ein Versicherungsnehmer eine dauernde Schädigung durch den Unfall, die eine körperliche und/oder geistige Einschränkung zur Folge hat, kann eine einmalige Zahlung der Unfallversicherung erfolgen.

Diese Zahlung kann mit einer Genugtuungszahlung verglichen werden und nennt sich Integritätszahlung. Die Zahlung erfolgt von der Versicherung aufgrund einer sogenannten «Gliederskala», auf welcher genau definiert ist, welche Schädigung eine wie hohe Zahlung auslöst.

Beispiel:

- Eine Querschnittslähmung = CHF 126 000.– (höchster Tarif)
- Ein Finger wird mit rund CHF 90.– entschädigt usw.

Diese Zahlung erfolgt unabhängig von einer allfälligen IV-Rente.

Eine Auszahlung einer solchen Integritätszahlung ist nicht AHV-, IV-, EO-pflichtig.

2.3.1.17 IV-Rente

Anspruch

Es besteht zuerst einmal eine Wartefrist. Die Person muss während eines Jahres arbeitsunfähig gewesen sein (mind. 40%), und die Arbeitsunfähigkeit muss in demselben Umfang auch weiterhin bestehen.

Nach Ablauf dieses Jahres geht der Verunfallte/Kranke zur Behandlung zu einem SUVA-Arzt. Wenn dieser trotz ärztlicher Behandlung keine namhafte Besserung des Gesundheitszustandes feststellen kann und ist eine eventuelle Eingliederungsmassnahme der IV ebenfalls abgeschlossen, dann kommt eine IV-Rente zum Tragen. Dabei legt die IV-Stelle den Grad der Invalidität fest.

IV-Rente

Ab einem IV-Grad von mindestens 70% besteht Anspruch auf eine Vollrente der IV.

Die IV-Rente der Unfallversicherung hingegen beträgt maximal 80% des versicherten Verdienstes (maximal versicherter Lohn CHF 126 000.–) bei Vollinvalidität. Besteht eine Teilinvalidität, wird die Rente entsprechend angepasst.

Zusammen mit der UV-Komplementärrente oder der AHV kann die Rente sogar bis zu 90% des versicherten Lohnes erreichen.

Hilflosenentschädigung

Sollte der IV-Bezüger ständig auf die Hilfe von Dritten angewiesen sein, um seine alltäglichen Lebensverrichtungen ausüben zu können, kann er zusätzlich noch eine Hilflosenentschädigung beanspruchen.

Die Entschädigungen betragen zurzeit:

- Leichte Hilflosigkeit (zu Hause) pro Monat CHF 468.–
- Mittlere Hilflosigkeit (zu Hause) pro Monat CHF 1170.–
- Schwere Hilflosigkeit (zu Hause) pro Monat CHF 1872.–

- Leichte Hilflosigkeit (im Heim) pro Monat CHF 117.–
- Mittlere Hilflosigkeit (im Heim) pro Monat CHF 293.–
- Schwere Hilflosigkeit (im Heim) pro Monat CHF 468.–

Ergänzungsleistung

Wenn trotz IV-Rente und Taggeldern der Existenzbedarf der behinderten Person nicht ausreicht, kann zusätzlich eine Ergänzungsleistung beantragt werden.

2.3.1.18 Berufskrankheit

Als Berufskrankheit gilt gemäss UVG eine Krankheit, die bei der beruflichen Tätigkeit ausschliesslich oder vorwiegend durch:

- schädigende Stoffe (Listenstoffe)
- oder bestimmte Arbeiten (Listenarbeiten)

verursacht worden ist.

Berufskrankheiten können sein:

- Chronische Erkrankung der Schleimbeutel durch ständigen Druck
- Sehnenscheidenentzündungen
- Erhebliche Schädigung des Gehörs
- Erfrierungen (ausgenommen Frostbeulen)

Es gibt diesbezüglich eine Liste, die der Bundesrat erstellt hat (siehe unten).

Schädigende Stoffe können sein:

- Asbeststaub
- Benzol
- Benzin
- Holzstaub
- Kohlenmonoxid
- Methanol

Auch hier gibt es eine Liste vom Bund mit all den Stoffen, die gesundheitsschädigend sein können.

- Die Liste der Stoffe und Krankheiten ist ersichtlich auf: http://www.admin.ch/ch/d/sr/832_202/app1.html

2.3.1.19 Lohnabrechnung mit Unfalltaggeld

PERSONALADMIN,

Frau
Muster Susi

8000 Zürich

Lohnabrechnung

Juni/1 2012

Versicherungs-Nr.: 515.1515.5155.11
Pers.-Nr.: 002

Auszahlungsdatum: 27.10.2012
Bankverbindung:
Konto-Nr.:

Zulagen

Lohnart	Bezeichnung	Betrag	Anzahl	Total
100	Lohn & Gehalt	2'000.00		2'000.00
200	Kinderzulage (FAK)	250.00	2.00	500.00
850	Unfalltaggeld	4'000.00		4'000.00
	Bruttolohn			**6'500.00**

Abzüge

400	AHV-Abzug	2'000.00	5.15	-103.00
401	ALV-Abzug	2'000.00	1.10	-22.00
403	NBUV-Abzug (SUVA)	2'000.00	1.47	-29.35
405	Pensionskasse	300.00		-300.00
407	KTG - Abzug (Frauen)	2'000.00	1.20	-24.00
	Total Abzüge			**-478.35**

Auszahlung an Sie **6'021.65**

SUVA-Basis	2'000.00
SUVA-Lohn	2'000.00
AHV-Basis	2'000.00
AHV-Lohn	2'000.00
ALV-Lohn	2'000.00
AHV-Freigrenze	0
nicht AHV-Pflichtig	0

Ferien-Konto in CHF	0.00
Gratifikations-Konto in CHF	0.00
Ferientage bezogen	0.00
Ferienguthaben in Tagen	20.00
Soll-Arbeitszeit	168.00
IST-Arbeitszeit	168.00
Stundensaldo	0.00

2.3.2 Nichtberufsunfall

Pflichtabzüge	Arbeitnehmeranteil	Arbeitgeberanteil
AHV	4,2%	4,2%
IV	0,7%	0,7%
EO	0,25%	0,25%
ALV (<126 000)	1,1%	1,1%
ALV-Zusatz (126 000–315 000)	0,5%	0,5%
Betriebsunfall	–	branchenabhängig
Nichtbetriebsunfall	**branchenabhängig**	**branchenabhängig**
BVG	nach BVG	nach BVG
FAK	–	nach Kanton
Verwaltungskosten	–	nach Kanton
Freiwillige Abzüge		
– Krankentaggeld	nach Versicherung	nach Versicherung

2.3.2.1 Was gilt als Nichtberufsunfall?

Alles, was nicht dem Berufsunfall zugeordnet werden kann. Unter diesen Bereich fallen unter anderem Sportunfälle, Verkehrsunfälle und Haushaltsunfälle.

Ein Unfall auf dem Arbeitsweg gilt ebenso als Nichtberufsunfall.

Ausnahme Teilzeitbeschäftigung:
Arbeitet ein Arbeitnehmer weniger als acht Stunden pro Woche, gilt ein Unfall auf dem Arbeitsweg als Berufsunfall.

Warum?

Ein Arbeitnehmer ist erst ab acht Stunden pro Woche gegen Nichtbetriebsunfall versichert. Deshalb schliesst die Berufsunfallversicherung in diesem Sonderfall den Arbeitsweg mit ein.

2.3.2.2 Versicherungspflicht und Anmeldung

Die Nichtbetriebsunfallversicherung ist ebenfalls obligatorisch für alle Personen, die mindestens acht Stunden pro Woche arbeiten.

Ausnahme:

- Mitarbeitende Familienmitglieder, die keinen Barlohn beziehen und keinen AHV-Beitrag bezahlen.
- Ebenfalls nicht obligatorisch versichert sind Selbstständigerwerbende mit Wohnsitz Schweiz und ihre Familienmitglieder (freiwillige Versicherung möglich).

Anmeldung:

Die Arbeitgeber können diese Versicherung bei der SUVA abschliessen oder auch bei allen zugelassenen Unfallversicherern wie zum Beispiel AXA Winterthur, Basler Versicherung usw.

2.3.2.3 Beiträge

Die Prämien gehen grundsätzlich zulasten des Arbeitnehmers.

Dies ist jedoch nicht zwingend. Der Arbeitnehmer kann selbstverständlich die Prämie voll übernehmen, oder man kann sie 50:50 zwischen Arbeitnehmer und Arbeitgeber aufteilen.

Der maximal versicherte Lohn beträgt auch hier CHF 126 000.–.

2.3.2.4 Leistungen und Schadensfall

Alle Leistungen wie Selbstbehalt, Heilungskosten, Renten usw. sind genau gleich wie bei der Berufsunfallversicherung.

Ist man bei der SUVA versichert, gilt der Schutz auch auf Ferienreisen. Bei allen anderen Versicherungen lohnt sich eine vorherige Abklärung des Schutzes im Ausland.

Der Arbeitnehmer muss seinen Unfall umgehend dem Arbeitgeber melden. Der Arbeitgeber seinerseits ist verpflichtet, den Unfall sofort mittels Unfallmeldung der SUVA oder seiner Unfallversicherung zu melden.

2.3.2.5 Abredeversicherung

Der Personalverantwortliche ist verpflichtet, einen austretenden Mitarbeiter darauf aufmerksam zu machen, dass der Versicherungsschutz noch 30 Tage nach Austritt weiterläuft.

Für den Arbeitnehmer ist es wichtig zu wissen, dass er nach Austritt die Möglichkeit hat, die Unfallversicherung für weitere 180 Tage zu verlängern (die sogenannte Abredeversicherung).

Diese Abredeversicherung benötigt der Mitarbeiter, falls er bei seinem Austritt keiner weiteren beruflichen Tätigkeit nachgeht, in welcher er automatisch wieder versichert wäre. Der Mitarbeiter hat folgende Möglichkeiten:

1. Er kann mittels einer Abredeversicherung den Versicherungsschutz um weitere sechs Monate verlängern. Dies ist insofern wichtig, als bei einem allfälligen Unfall die Lohnfortzahlung des zuletzt bezahlten Lohnes berücksichtigt wird. Bitte teilen Sie dem Mitarbeiter mit, dass er die Abredeversicherung unbedingt vor Ablauf der 30 Tage einreicht beziehungsweise bezahlt.

2. Möchte er die Abredeversicherung nicht abschliessen, muss er die Unfallversicherung in seine private Krankenkasse mit einschliessen.

2.3.3 Fallbeispiele und Selbsttest zur Unfallversicherung

(Lösungen S. 177)

1. Hat ein Lehrling, der an seinem Ausbildungsort verunfallt, auch Anspruch auf eine obligatorische Versicherungsleistung?

2. Wer gilt als Arbeitnehmer?

3. Kann eine Person, die im Nebenerwerb für einen Arbeitgeber putzt und dabei CHF 1800.– im Jahr verdient, auf eine Versicherung für diese Tätigkeit verzichten?

4. Ein Saisonarbeiter befindet sich auf dem Weg von Portugal in die Schweiz, um am nächsten Tag mit der Arbeit zu beginnen. Gilt die Fahrt von Portugal in die Schweiz bereits als Arbeitsweg?

5. Ab wann entsteht ein Anspruch auf Taggeld?

6. Wie wird die Höhe dieses Taggelds berechnet?

7. Wie hoch ist der maximal versicherbare Verdienst im Jahr 2013?

2.4 BVG

Pflichtabzüge	**Arbeitnehmeranteil**	**Arbeitgeberanteil**
AHV	4,2%	4,2%
IV	0,7%	0,7%
EO	0,25%	0,25%
ALV (<126 000)	1,1%	1,1%
ALV-Zusatz (126 000–315 000)	0,5%	0,5%
Betriebsunfall	–	branchenabhängig
Nichtbetriebsunfall	branchenabhängig	branchenabhängig
BVG	**nach BVG**	**nach BVG**
FAK	–	nach Kanton
Verwaltungskosten	–	nach Kanton
Freiwillige Abzüge		
- Krankentaggeld	nach Versicherung	nach Versicherung

2.4.1 Einführung und Versicherungspflicht

Bereits im Jahre 1972 wurde in der Verfassung die berufliche Vorsorge verankert und der 2. Säule angegliedert. Am 1. Januar 1985 trat dann das ausgearbeitete Bundesgesetz über die Alters-, Hinterlassenen- und Invalidenvorsorge (BVG) in Kraft.

Das BVG regelt jedoch lediglich die Mindestleistungen für das Alter, die Invalidität und den Todesfall.

Alle Arbeitgeber müssen ihre Arbeitnehmer obligatorisch bei einer Pensionskasse versichern, sofern diese durchschnittlich mindestens brutto CHF 1755.– (CHF 21 060.– pro Jahr) verdienen.

Sollte die Situation eintreffen, dass im laufenden Jahr der Bruttolohn unter diese CHF 1755.– sinkt, bleibt der Arbeitnehmer weiterhin bis zum Ende des laufenden Kalenderjahres versichert.

Von der Versicherungspflicht ausgenommen sind:

- Selbstständigerwerbende
- Befristeter Arbeitsvertrag von maximal 3 Monaten
- Personen, die im Sinne der IV mindestens 70% erwerbsunfähig sind

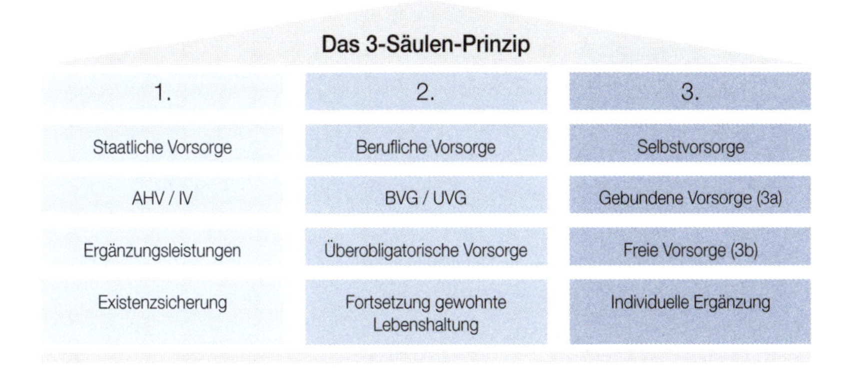

2.4.1.1 Pensionskassen

Die Unternehmen können sich bei einer grossen Auswahl an Pensionskassen versichern lassen. Es gibt öffentlich-rechtliche oder auch privatrechtliche juristische Personen, die die Vorsorgeeinrichtung anbieten.

Hier ein kleiner Auszug von möglichen Pensionskassen, bei denen ein Unternehmen sich anmelden kann:

Swiss Life, Zürich Schweiz, PAX Versicherungen, Primanet (Sammelstiftung der Banken), BVK (Pensionskasse des Kantons Zürich) usw.

Die Kantons- bzw. die Bundesangestellten unterstehen meistens einer speziellen Pensionskasse des Kantons oder des Bundes (PUBLICA).

2.4.1.2 Nebenjob, Teilzeitarbeit

Viele Mitarbeiter haben heutzutage mehr als einen Arbeitgeber. Speziell Personen mit einem Teilzeitpensum. Hat ein Arbeitnehmer eine Haupttätigkeit und zusätzlich noch einen zweiten Job oder einen Nebenjob, muss das BVG nur für die hauptberufliche Tätigkeit bezahlt werden.

Wichtig ist zuerst einmal, ob einer der Löhne den Mindestjahreslohn von CHF 21 060.– erreicht. Wenn eine der Tätigkeiten dies erfüllt, ist ein Beitritt obligatorisch.

Trifft jedoch der Fall ein, dass es sich um diverse Teilzeitstellen handelt, die alle den Mindestjahreslohn von CHF 21 060.– **nicht** erreichen, würde die Person grundsätzlich keiner Pensionskassenpflicht unterstellt werden. Es besteht jedoch die Möglichkeit, sich freiwillig entweder einer Auffangeinrichtung oder bei der Vorsorgeeinrichtung eines seiner Arbeitgeber (sofern laut Reglement möglich) anzuschliessen, **sofern** der Jahreslohn **aller** Arbeitgeber zusammen diese CHF 21 060.– überschreitet.

2.4.2 Beginn der Versicherungspflicht

Die Versicherungspflicht beginnt ab dem vollendeten 17. Altersjahr. Sie wird unterteilt in:

Risikoversicherung:
Ab dem vollendeten 17. Altersjahr sind junge Arbeitnehmer bereits versichert, jedoch vorerst nur gegen die Risiken Invalidität und Tod (kein Sparbeitrag). Dafür wird von den versicherten Personen ein Risikobeitrag bezahlt.

Bis zum 25. Lebensjahr werden noch keine Beiträge für das Alterssparen erhoben.

Wichtig:

Tritt ein Arbeitnehmer aus der Firma aus, ist er während eines weiteren Monats gegen die Risiken Invalidität und Tod versichert. Es besteht also für einen Monat eine Nachdeckung.

Altersversicherung:
Ab dem 25. Altersjahr werden nebst Invaliden- und Todesleistungen auch Beiträge in die Altersleistungen finanziert. Die versicherten Personen bezahlen dafür nebst dem Risikobeitrag einen Altersbeitrag. Dieser wird auf dem eigenen Konto als Altersgutschrift gutgeschrieben. Auf diese Altersgutschrift gehen wir im Kapitel 2.4.10. Leistungen im Alter nochmals ein.

2.4.3 Beendigung der Versicherungspflicht

Grundsätzlich endet die Versicherungspflicht bei Erreichen des Pensionsalters. Bei Männern ist dies im Moment am Ende des Monats in dem man den 65. Geburtstag erreicht hat, und bei den Frauen Ende Monat nach dem 64. Geburtstag.

Arbeitet eine Person auch im Rentenalter noch weiter, ist diese nicht mehr BVG-pflichtig!

Die Versicherungspflicht endet ebenfalls, sobald man aus dem Erwerbsleben ausscheidet oder eine volle IV-Rente bezieht.

2.4.4 Beiträge

Die Versicherungsbeiträge werden aufgeteilt zwischen dem Arbeitgeber und dem Arbeitnehmer.

Mindestens die Hälfte der Beiträge muss der Arbeitgeber übernehmen.

BVG-Beiträge werden immer nur auf zwölf Monate abgezogen. Das heisst, dass bei einer Auszahlung eines 13. Monatslohnes oder von Boni, Gratifikationen usw. keine BVG-Beiträge erhoben werden.

Von der Versicherung erhält der Arbeitgeber eine Jahresprämie für jeden Arbeitnehmer. Diese Jahresprämie wird durch zwölf Monate geteilt, und so erhält der Arbeitgeber den Prämienbetrag, der pro Monat beglichen werden muss.

 Beispiel:

CHF 4080.– Prämie : 12 = CHF 340.– pro Monat

Diese CHF 340.– werden nun wie oben erwähnt aufgeteilt zwischen dem Arbeitgeber und dem Arbeitnehmer.

2.4.5 Versicherter Lohn, Koordinationsabzug

Viele Arbeitnehmer sind sich noch immer nicht bewusst, dass nur ein Teil des Lohnes in der obligatorischen Vorsorge der 2. Säule versichert ist. Von dem Bruttolohn wird nämlich der sogenannte Koordinationsabzug getätigt.

Dieser versicherte Lohn ist jedoch entscheidend für die Alters-, Kinder-, Hinterbliebenen- und Invalidenrente. Also: Je tiefer der versicherte Lohn, desto schlechter/tiefer die jeweiligen Renten.

Was heisst das in der Praxis?

Vom AHV-Bruttolohn wird der sogenannte **Koordinationsabzug** abgezogen. Dies ergibt dann den versicherten BVG-Lohn. Dieser Abzug ist natürlich für alle Arbeitnehmer/innen schlecht, denn durch diesen Koordinationsabzug verringert sich ihr tatsächlich versicherter Lohn um CHF 24 570.– pro Jahr oder CHF 2047.50 pro Monat.

 Beispiel:

Ein Arbeitnehmer verdient im Monat CHF 6400.– brutto. Es wurde ein 13. Monatslohn vereinbart. Somit beträgt der Jahreslohn 13 x CHF 6400.– = CHF 83 200.–:

		CHF 83 200.–	
	–	CHF 24 570.–	(aktueller Koordinationsabzug)
Koordinierter oder versicherter Lohn	=	**CHF 58 630.–**	

- Der maximal versicherte Jahreslohn beträgt CHF 84 240.–. (siehe Schema unten: CHF 59 670.– + CHF 24 570.– ergibt den maximal versicherten Jahreslohn vor dem Koordinationsabzug).
- Man kann jedoch auch den AHV-Lohn versichern lassen anstelle der CHF 84 240.–.
- Somit sind obligatorisch Lohnanteile zwischen CHF 24 570.– (Koordinationsabzug) und CHF 84 240.– (maximaler Lohn) versichert.

KEINE BVG-PFLICHT: Bis zu einem Lohn von jährlich CHF 21 000.– ist das BVG nicht obligatorisch (freiwilliger Beitritt möglich)	BVG-pflichtiger Lohn im **OBLIGATORIUM:** Nach Abzug des Koordinationsabzuges von CHF 24 570.– = Maximum CHF 59 670.– und Minimum CHF 3510.– versicherter Lohn	BVG im **ÜBER-OBLIGATORIUM:** ab einem Lohn von CHF 84 240.– jährlich

2.4.5.1 Mindestlohn, Koordinationsabzug

Der Mindestjahreslohn für eine BVG-Versicherung beträgt wie unter 2.4.1 erwähnt CHF 21 060.–. Jahreslöhne zwischen CHF 21 060.– und 24 570.– bezahlen auf einen versicherten Lohn von CHF 3510.– BVG-Anteile.

Wie wird dies gerechnet?

Da der Koordinationsabzug höher ist als der Mindestlohn von CHF 21 060.– (nämlich CHF 24 570.–) wird hier umgekehrt gerechnet:

Koordinationsabzug	CHF	24 570.–
– Mindestlohn	CHF	21 060.–
Versicherter Lohn	**CHF**	**3 510.–**

2.4.5.2 Koordinationsabzug bei Teilzeitangestellten

Um in den Genuss einer BVG-Versicherung zu gelangen, muss wie erwähnt ein Angestellter mindestens CHF 21 060.– verdienen.

Wie sieht das jedoch in der Praxis aus, wenn eine Teilzeitangestellte zum Beispiel CHF 37 700.– pro Jahr verdient?

Im Normalfall wird hier ebenfalls ein Koordinationsabzug von CHF 24 570.– abgezogen. Das heisst, der versicherte Lohn läge noch lediglich bei CHF 13 130.–.

Dies wiederum kann fatale Folgen für allfällige Renten haben (wie im Kapitel 2.4.5 erwähnt).

Es gibt jedoch Pensionskassen, welche für Teilzeitangestellte einen **reduzierten Koordinationsabzug** vornehmen.

Es lohnt sich also unbedingt, sich vorher zu erkundigen, wie das PK-Reglement des potenziellen zukünftigen Arbeitgebers aussieht. Falls man die Stelle trotzdem antreten möchte und schlecht versichert ist, sollte der Arbeitnehmer eine allfällige private Vorsorge in die 3. Säule vornehmen, um genügend gedeckt zu sein.

2.4.6 Ein- und Austritt

Tritt ein Arbeitnehmer während des laufenden Monats bei, wird der effektive Bruttolohn massgebend. Der Koordinationsabzug von CHF 2047.50 wird jedoch nicht gekürzt.

Fällt der Bruttolohn unter die CHF 1755.–, müssen die Arbeitgeber den Mindestabzug vornehmen.

2.4.7 Prämienbefreiung bei Krankheit/Unfall

Wenn ein Arbeitnehmer über längere Zeit (in der Regel bei mehr als drei Monaten) aufgrund einer Krankheit oder eines Unfalles arbeitsunfähig wird, kann eine Prämienbefreiung beantragt werden. Das heisst, in dieser Zeit wird die Prämie von der BVG-Kasse übernommen. Und zwar für die Arbeitnehmer- und Arbeitgeberbeiträge!

Achtung:

Die Kasse macht einen darauf nicht aufmerksam. Der Arbeitgeber muss sich selber darum kümmern und sich anmelden.

Ich empfehle, die Anmeldung spätestens 30 Tage nach Beginn von Krankheit/Unfall zu tun. Wenn schon früher ersichtlich ist, dass die Absenz länger dauert, kann dies natürlich auch schon früher erfolgen.

Die Konsequenz einer zu späten Anmeldung wäre eine Ablehnung der Prämienbefreiung.

Sobald der Versicherte wieder arbeitet, entfällt die Prämienbefreiung.

2.4.8 Mutterschaft

Die Arbeitnehmerinnen bleiben weiterhin zum letzten Bruttolohn versichert, der vor der Geburt aktuell war.

Das heisst, die Arbeitgeber- und Arbeitnehmerbeiträge an die Pensionskasse bleiben während des gesamten Mutterschaftsurlaubes bestehen und es werden die gleichen Beiträge bezahlt wie vor der Geburt, obwohl in dieser Zeit ein gekürzter Lohn ausbezahlt wird.

Falls diese Beitragshöhe eine starke finanzielle Belastung für die Mutter bedeutet, kann eine Herabsetzung des koordinierten Lohnes beantragt werden. Dies muss aber speziell von der Mutter gewünscht werden.

Hat die Mitarbeiterin zum Beispiel im Stundenlohn gearbeitet und erhielt immer verschiedene Monatslöhne (Lohnschwankungen), so gilt der Durchschnittslohn der letzten sechs Monate vor der Geburt.

2.4.9 Freizügigkeitskonto und Austritt

Tritt ein Mitarbeiter aus der Firma aus, so hat er zwei Möglichkeiten:

1. Er kann sein Guthaben auf ein Freizügigkeitskonto überweisen lassen. Dort bleibt es in der Regel, bis er einen neuen Arbeitgeber hat und das Guthaben dessen Stiftung überweist.

Gut zu wissen:
Sobald das Geld auf dem Freizügigkeitskonto ist, untersteht es nicht mehr der Stiftung und deren Vorschriften.

2. Der Mitarbeiter kann sein Guthaben auch direkt der Pensionskasse des neuen Arbeitgebers überweisen lassen. Er kann die neuen Daten und die Bankverbindung der alten Pensionskasse mitteilen, und diese überweist den Betrag an die neue Stiftung mit Endabrechnung an ihn.

Wichtig:

Der Arbeitgeber muss wissen, dass er verpflichtet ist, diese zwei Varianten dem austretenden Mitarbeiter mitzuteilen.

2.4.10 Leistungen im Alter

Beim Erreichen des Pensionsalters hat der Mitarbeiter je nach Versicherung und Reglement Anspruch auf eine lebenslange Rente, einen Kapitalbezug oder – was heutzutage sehr oft gewählt wird – eine Mischung von beidem. Das heisst, ein Teil der Pensionsgelder wird als Kapital bezogen und ein Teil wird als Rente monatlich ausbezahlt.

Seit 2005 ist gesetzlich verankert, dass bei allen Pensionskassen $^{1}/_{4}$ des Altersguthabens als einmalige Kapitalabfindung verlangt werden kann.

Wünscht der Mitarbeiter jedoch einen vollständigen Kapitalbezug, muss dies im Reglement speziell vorgesehen sein. Bei vielen Pensionskassen kann maximal die Hälfte des Sparkapitals bei der Pensionierung bezogen werden.

Es muss unbedingt darauf geachtet werden, dass Kapitalbezüge ein bis drei Jahre im Voraus angemeldet werden müssen. Bitte nehmen Sie daher frühzeitig Kontakt mit der Pensionskasse auf und studieren Sie das Reglement!

2.4.10.1 Unterschied zwischen Rente und Kapitalbezug

Das Wichtigste ist zuerst einmal die Besteuerung:

Eine Rente wird jedes Jahr zu 100% als Einkommen besteuert.

Der Kapitalbezug hingegen wird zu einem reduzierten Satz besteuert, sobald man das Kapital bezieht. Danach wird es jedes Jahr im Vermögen erscheinen, auf welches man allenfalls jeweils Vermögenssteuer bezahlen muss.

Am besten lässt man sich von einem Fachmann beraten und die Steuern berechnen.

Vorteile beziehungsweise Nachteile:

Über das Kapital kann man vollständig und flexibel verfügen. Die Rente ist fix, garantiert dagegen ein sicheres Einkommen bis an das Lebensende. Stirbt man hingegen, bevor das gesamte Kapital aufgebraucht wird, fällt der gesamte Rest nicht etwa den Erben zu, sondern dieser bleibt bei der Pensionskasse.

2.4.11 Überobligatorium

Nebst dem gesetzlichen BVG, das die Pensionskassen erfüllen müssen, gibt es auch noch die Möglichkeit des sogenannten Überobligatoriums. Da das gesetzliche Obligatorium einen maximalen Jahreslohn von bis zu CHF 84 240.– deckt, kommt das Überobligatorium ab diesem Maximum zum Zuge.

Mitarbeiter können dieses Überobligatorium abschliessen, um so bessere IV-Renten, höhere Beiträge an das Alterskapital oder bessere Bedingungen für Teilzeitanstellungen zu erhalten. Natürlich kostet dieses Überobligatorium auch eine zusätzliche Prämie, und es ist ebenfalls zu beachten, dass diese Versicherung nicht durch den Bund gesetzlich verankert ist und somit dem jeweiligen Reglement der Pensionskasse unterliegt.

Demzufolge gibt es für das Überobligatorium auch keinen Mindestzinssatz. Die Verzinsung ist Sache der Pensionskasse.

Wichtig:

Da jede Pensionskasse ein eigenes Reglement hat betreffend das Überobligatorium, sollte ein Mitarbeiter, der sich für das Überobligatorium entscheidet, das entsprechende Reglement genau studieren und sich dessen Risiken und natürlich auch dessen positiven Aspekten bewusst sein. Darin werden Punkte geregelt wie der Bezug des Alterskapitals, Teuerung, Wartefristen bis zur Auszahlung der IV-Rente, Rentenumwandlungssätze und vieles mehr.

2.4.12 Umwandlungssatz

Entscheidet sich ein Mitarbeiter bei seiner Pensionierung für eine Rente anstelle einer Kapitalauszahlung, muss sein Kapital in eine Rente umgewandelt werden. Dazu wendet man den sogenannten Umwandlungssatz an. Zu diesem Faktor wird das Kapital in die Rente umgewandelt. Sinkt der Faktor/Satz, fällt die Rente tiefer aus.

Dieser Mindestumwandlungssatz, der jeweils vom Bundesrat beschlossen wird, gilt ausschliesslich für das Obligatorium.

Gemäss Bundesamt für Sozialversicherungen muss dieser Satz neu angepasst werden, da laut Statistiken die Menschen immer älter werden und risikoarme Kapitalanlagen tendenziell weniger Gewinn abwerfen.

Der Bundesrat hat deshalb beschlossen, den Umwandlungssatz wie folgt anzupassen:

- Für Personen, die im Jahr 2013 das ordentliche Rentenalter erreichen, beträgt der Mindestumwandlungssatz bei Männern (65 Jahre) 6,85% und bei Frauen (64 Jahre) 6,80% des angesparten Guthabens.

Gemäss «NZZ am Sonntag» vom Juli 2012 soll der Mindestumwandlungssatz ab 2015 bis 2022 sukzessiv von 6,8% auf schlussendlich noch 6,4% gesenkt werden.

Geht ein Mitarbeiter früher in Pension, wird die Rente gemäss der Anzahl vorbezogener Jahre gekürzt, was in der Regel pro Jahr 0,2% Senkung bedeutet. Die Vorsorgeeinrichtung wendet dabei einen proportional gekürzten Umwandlungssatz an.

Arbeitet ein Mitarbeiter jedoch länger, das heisst über sein Rentenalter hinaus, wird der Umwandlungssatz im Gegenzug proportional erhöht.

Überobligatorium:

Im Überobligatorium ist der Umwandlungssatz meistens tiefer angesetzt, da es keine gesetzlichen Leitplanken dafür gibt. Es lohnt sich, den Umwandlungs- und auch den Zinssatz im Überobligatorium zu prüfen, bevor man ein solches abschliesst.

2.4.13 Mindestzinssatz

Das angesparte Kapital, das jeder Mitarbeiter in seiner Pensionskasse hat, wird jährlich verzinst. Dieser Zins sank in den letzten Jahren aufgrund der Finanzlage ständig und wurde nun vom Bundesrat für das Jahr 2013 auf 1,5% (unverändert) festgelegt.

Auch hier gilt: Im Überobligatorium gibt es keinen vorgeschriebenen Mindestzinssatz.

Das unten stehende Schema erläutert anschaulich, wie sich das Altersguthaben mit den Zinsen zusammensetzt:

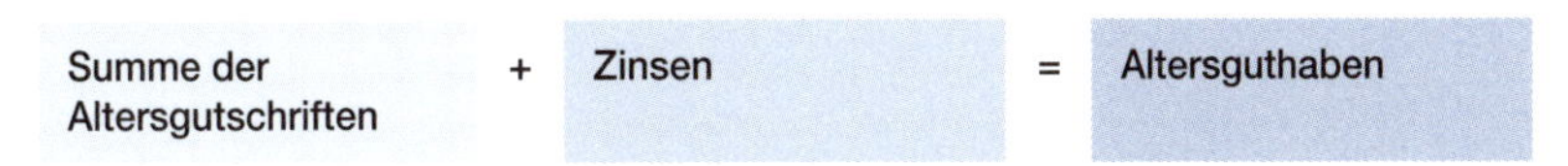

2.4.14 Arbeitslosigkeit

Auch Arbeitslose haben einen kleinen Anteil an BVG-Leistungen. Falls sie Taggelder erhalten, welche CHF 80.20 pro Tag überschreiten, sind sie für die Risiken Invalidität und Tod versichert. Nicht jedoch gegen das Alter (sie erhalten also keine Altersgutschriften). Auch hier erfolgt natürlich auf das Taggeld der Koordinationsabzug.

Die Beiträge werden auch hier zwischen der Arbeitslosenkasse und dem Arbeitslosen aufgeteilt.

Da keine Altersgutschriften angehäuft werden, kann bei Beendigung der Arbeitslosigkeit auch keine Sparsumme mitgenommen werden (beziehungsweise auf ein Freizügigkeitskonto überwiesen werden).

2.4.15 Vorbezug

Will jemand sein BVG-Guthaben bereits vor der Pensionierung beziehen, gibt es grundsätzlich nur folgende Fälle, wo dies möglich ist:

- Immobilienkauf
- Selbstständigkeit

Ist man unter 50, so kann man über sein gesamtes Freizügigkeitsguthaben verfügen. Nach dem 50. Altersjahr wird es schwieriger, und es muss mit der Pensionskasse geprüft werden, welcher Betrag bezogen werden kann. Eventuell ist dieser Bezug auch auf dem Ausweis erwähnt.

Der Mindestbezug beträgt CHF 20 000.–. Sollte man danach nochmals Geld beziehen wollen, muss man mindestens fünf Jahre warten.

1. Immobilienkauf und finanzielle Folgen:

- Speziell **wichtig** ist zu beachten, dass ein Vorbezug ein **Darlehen** darstellt! Das ist insofern brisant, als dass der Destinatär (Empfänger der Pensionsgelder) dafür Steuern bezahlen muss. Bezahlt er das Darlehen später zurück, kann er die Steuern wieder retour verlangen.
  Der Steuersatz hängt von der Höhe des Vorbezugs, dem Wohnort und dem Familienstand ab und beträgt zwischen 5 und 15% des bezogenen Betrages.
- Ebenfalls kommt der Vorbezug als Eintrag ins Grundbuchamt. Verkauft der Destinatär (Versicherungsnehmer) das Haus zu einem späteren Zeitpunkt, muss er den Vorbezug der Pensionskasse zurückbezahlen.
- Ist man verheiratet, benötigt man die schriftliche Zustimmung des Ehepartners.
- Will man später freiwillige Einkäufe bei der Pensionskasse tätigen, ist dies erst möglich, wenn man das bezogene Guthaben vollständig zurückbezahlt hat.
- Stirbt der Destinatär vor dem Rentenalter, müssen die Erben den Vorbezug zurückbezahlen. Man könnte jedoch abmachen, dass die Summe in die Erbmasse kommt.
- Die Ehefrau ist von der Rückzahlung ausgenommen. Sie bekommt jedoch eine entsprechend tiefere Rente, das heisst, die Rente wird auf dem Betrag berechnet, der effektiv noch in der Pensionskasse ist.
- Ein Vorbezug kann alle fünf Jahre bis zur Höhe der Freizügigkeitsleistung erfolgen. Nach dem 50. Altersjahr ist die Höhe des Barbezugs jedoch beschränkt.

- Sofern der Vorbezug nicht zurückbezahlt wird, sinkt die Rente entsprechend, da diese, wie oben schon erwähnt, auf dem Betrag berechnet wird, der sich effektiv noch in der Pensionskasse befindet.
- Der Vorbezug hat natürlich auch eine Auswirkung auf den Todesfall oder bei Invalidität. Stirbt man oder wird invalid, sinkt auch diese Leistung entsprechend.

Nebst dem Bezug gibt es noch die Variante der **Verpfändung:**

- Beim Hauskauf kann das Pensionskassenguthaben der Bank verpfändet werden. Der Vorteil ist, dass man keine Leistungseinbussen bei der Versicherung hat. Man hat jedoch eine höhere Zinsbelastung, und natürlich besteht die Möglichkeit, dass wenn man Konkurs geht, die Pensionskassengelder, die im Wohneigentum stecken, von der Bank gepfändet werden.

2. Selbstständigkeit:

- Das gesamte Pensionskassenguthaben kann auch bezogen werden, wenn man sich selbstständig macht. Allerdings muss der Bezug im ersten Jahr nach Meldung als Selbstständigerwerbender erfolgen und es muss ein Beweis der Selbstständigkeit erbracht werden (HR-Eintrag, AHV-Bestätigung usw.). Dies gilt nur für Einzelfirmen!
- Es ist jedoch möglich, die Einzelfirma zu einem späteren Zeitpunkt in eine AG oder GmbH umzuwandeln. Dabei müssen die bezogenen Pensionsgelder nicht zurückbezahlt werden.
- Der wesentliche Unterschied zum Wohneigentum ist, dass dieser Vorbezug **kein** Darlehen ist!

2.4.16 Konto Arbeitgeber-Beitragsreserve

Es handelt sich dabei um ein Arbeitgeber-Konto, welches von der Pensionskasse geführt wird.

Was bringt dieses Konto «Arbeitgeber-Beitragsreserve»?

- Der Arbeitgeber darf Vorschüsse bis maximal fünf Jahresbeiträge des Arbeitgebers auf diesem Konto anhäufen.
- Er darf daraus nur künftige BVG-Prämien des Arbeitgebers bezahlen oder Leistungsverbesserungen sowie beispielsweise Finanzierungen vorzeitiger Pensionierungen.
- Ideale Lösung, wenn zum Beispiel ein sehr gutes Geschäftsjahr war. Der Arbeitgeber kann so Beiträge auf das Konto einbezahlen und damit Prämien in finanziell schlechteren Jahren bezahlen.
- Die Beiträge müssen jedoch bis im Dezember des laufenden Jahres überwiesen und ausgebucht werden. Sie dürfen nicht transitorisch gebucht werden, da sie nicht mehr in der Erfolgsrechnung erscheinen dürfen.
- Vorteil: Es können Steuern gespart werden durch die Beeinflussung des Gewinnes.
- Nachteil: Die Verzinsung ist relativ schlecht, jedoch immer noch höher als die Kontokorrentzinsen der Banken. Ist das Geld einmal auf dem Konto der Beitragsreserven, kann es jedoch nicht mehr zurückgefordert werden.

Wichtig:

Die Beitragsreserve muss als «Arbeitgeberbeitragsreserven ohne Verwendungsverzicht» deklariert werden. Ansonsten kann das Geld für eine allfällige Deckungslücke der Pensionskasse verwendet werden.

2.4.17 Fallbeispiele und Selbsttest

(Lösungen S. 177)

1. Welche Risiken sind durch das BVG-Obligatorium gedeckt?
2. Wenn ein Lehrling AHV-pflichtig ist, ist er auch dem BVG unterstellt?
3. Das BVG setzt sich aus fünf Teilen zusammen. Aus welchen?
4. Wie hoch ist der maximal versicherbare Lohn im BVG-Obligatorium?
5. Wie lange darf ein befristetes Arbeitsverhältnis maximal dauern, ohne dass es dem BVG unterstellt wird?
6. Bitte berechnen Sie den jeweiligen koordinierten Lohn 2013:
   a) Monatslohn CHF 5500.– x 13
   b) Monatslohn CHF 3500.– x 12 plus CHF 6000.– fixe Gratifikation

2.5 Familienausgleichskasse

Pflichtabzüge	**Arbeitnehmeranteil**	**Arbeitgeberanteil**
AHV	4,2%	4,2%
IV	0,7%	0,7%
EO	0,25%	0,25%
ALV (<126 000)	1,1%	1,1%
ALV-Zusatz (126 000–315 000)	0,5%	0,5%
Betriebsunfall	–	branchenabhängig
Nichtbetriebsunfall	branchenabhängig	branchenabhängig
BVG	nach BVG	nach BVG
FAK	**–**	**nach Kanton**
Verwaltungskosten	–	nach Kanton
Freiwillige Abzüge		
– Krankentaggeld	nach Versicherung	nach Versicherung

2.5.1 Entstehung und Finanzierung der Familienausgleichskasse

Die Familienzulagen sind dazu da, den Eltern einen Kostenbeitrag an den Unterhalt der Kinder zu gewähren.

Gesetzlich verankert ist die Familienausgleichskasse durch das Bundesgesetz über Familienzulagen (FamZG) und in der Landwirtschaft über das Bundesgesetz FLG.

Das aktuelle Gesetz FamZG ist seit dem 1. Januar 2009 in Kraft. Es wurde aufgrund einer Referendumsabstimmung vom Volk 2006 angenommen.

Finanziert werden die Zulagen durch Lohnprozente der Arbeitgeber (ausser im Wallis – siehe nachfolgendes Kapitel). Bei Nichterwerbstätigen werden die Zulagen durch die Kantone beziehungsweise die Gemeinden finanziert.

2.5.2 Versicherungspflicht und Beiträge

Die Beitragssätze sind kantonal verschieden und müssen ausschliesslich von den Arbeitgebern (Ausnahme: Im Kanton Wallis müssen sich auch die Arbeitnehmer/innen mit 0,3% beteiligen) bezahlt werden. Auch sind die Beiträge in der Landwirtschaft (FLG) und der Familienausgleichskasse (FamZG) unterschiedlich.

Bei der SVA Zürich beträgt der Beitrag im Jahr 2013 1,2% des AHV-pflichtigen Lohns. Für Arbeitnehmer in der Landwirtschaft sind es zurzeit 2%.

Alle Arbeitgeber, die AHV-pflichtige Arbeitnehmer beschäftigen, sind beitragspflichtig. Die Beiträge müssen für jeden Arbeitnehmer entrichtet werden. Gleichgültig ob dieser Kinderzulagen bezieht oder nicht. Es kann also sein, dass ein Betrieb Beiträge an die Familienausgleichskasse bezahlen muss, obwohl kein einziger Mitarbeiter Familienzulagen erhält.

2.5.3 Anspruch auf Zulagen

Alle Arbeitnehmer und Selbstständigerwerbenden (siehe nachfolgendes Kapitel), die für Kinder aufkommen, haben Anspruch auf die Zulagen, sofern sie folgende gesetzliche Grundlagen erfüllen:

- Sie bezahlen AHV-Beiträge von einem Erwerbseinkommen von mindestens CHF 7020.– pro Jahr. Das entspricht einem monatlichen Einkommen von mindestens CHF 585.–.
- Arbeitet jemand Teilzeit, werden die Löhne zusammengezählt. Zuständig für die Auszahlung und Anmeldung der Familienzulagen ist derjenige Arbeitgeber, der den höchsten Lohn entrichtet.
- Bei Unfall/Krankheit, Schwangerschaft, Tod, Militärdienst und unbezahltem Urlaub werden die Familienzulagen nach Arbeitsverhinderung während des laufenden Monates und für drei weitere Monate bezahlt (auch wenn kein Lohnanspruch mehr besteht).
- Bei Mutterschaftsurlaub bleibt der Anspruch auf Familienzulagen während maximal 16 Wochen bestehen. Wird der Arbeitsvertrag jedoch auf den Geburtstermin hin gekündigt, besteht der Anspruch nur so lange wie jener auf Mutterschaftsentschädigung.
- Nichterwerbstätige haben einen Anspruch, sofern das jährliche Einkommen den anderthalbfachen Betrag einer maximalen Altersrente der AHV (CHF 42 120.– pro Jahr) nicht übersteigt und keine Ergänzungsleistungen zur AHV/IV bezogen werden.

2.5.3.1 Anspruch auf Zulagen für Selbstständigerwerbende

Neu seit dem 1. Januar 2013.

Bisher gab es schon einige Kantone, in denen Selbstständigerwerbende ein Anrecht auf Familienzulagen haben. Seit dem 1. Januar 2013 haben neu alle Selbstständigerwerbenden in der ganzen Schweiz Anspruch auf Familienzulagen.

Der Unterschied zu den Unselbstständigerwerbenden besteht jedoch darin, dass der Beitrag in jedem Fall bezahlt werden muss. Das heisst, auch bei einem Einkommen, das tiefer ist als CHF 7020.– pro Jahr.

2.5.4 Leistungen

Die **Mindestzulagen** für das Kindergeld sind mittels Bundesgesetz geregelt und betragen zurzeit:

- Kinderzulagen: CHF 200.– für Kinder bis zum 16. Geburtstag.

  Für erwerbsunfähige Kinder sind diese Leistungen bis zum 20. Geburtstag gültig.

- Ausbildungszulagen: CHF 250.– ab dem 16. Geburtstag bis zum Abschluss der Erstausbildung, maximal jedoch bis zum 25. Geburtstag. (Es besteht jedoch eine Beweispflicht, dass es sich tatsächlich um eine 1. Ausbildung handelt. Dies kann erfolgen mittels einer Schulbestätigung oder eines Lehrvertrags usw.).

Wichtig:
Hat ein Kind ein Erwerbseinkommen von über CHF 28 080.– pro Jahr, entfällt der Anspruch auf eine Ausbildungszulage.

2.5.5 Anmeldung

Den Antrag für Familienzulagen füllt der Arbeitnehmer selbst oder gemeinsam mit dem Personalverantwortlichen in der Firma aus und legt die nötigen Unterlagen bei. Der Arbeitgeber leitet den Antrag der zuständigen Familienausgleichskasse weiter, und diese prüft den Antrag. Sobald die Kasse die Zulagen schriftlich bewilligt hat, zahlen die Arbeitgeber die Zulagen dem Arbeitnehmer jeden Monat zusammen mit dem Lohn aus.

Für Ausländer mit Kindern im Heimatland gibt es ein spezielles Formular.

Rechnet ein Arbeitgeber die Familienzulagen im **vereinfachten Verfahren** ab, kann er den Antrag des Mitarbeiters direkt selber prüfen und genehmigen.

Wichtig:

- Der Arbeitgeber muss der Kasse jegliche Ein- und Austritte von Mitarbeitern mit Kindern umgehend melden!
- Der Mitarbeiter selbst muss zu der Personalabteilung/Geschäftsleitung gehen und mitteilen, dass er einen Anspruch auf Kindergeld hat.

2.5.6 Auszahlung

Der Arbeitgeber erhält von der Ausgleichskasse eine sogenannte «Verfügung». Danach zahlt der Arbeitgeber dem Arbeitnehmer die Familienzulage zusammen mit dem Lohn monatlich aus.

Beim vereinfachten Abrechnungsverfahren für Arbeitgeber erhält dieser keine Verfügung, da er die Anträge der Mitarbeiter selber prüft.

Bitte informieren Sie sich bei Ihrer zuständigen Ausgleichskasse, welches Verfahren für Sie am geeignetsten ist und wie dieses genau funktioniert.

2.5.7 Lohnabrechnung

Für den Arbeitgeber beziehungsweise für die Personalabteilung ist es wichtig zu wissen, dass auf die Familienzulagen **keine** AHV-, IV-, EO-Beiträge bezahlt werden müssen.

 Beispiel:

Lohn	CHF	5000.–	
Kinderzulagen	CHF	200.–	
Bruttolohn	**CHF**	**5200.–**	
– AHV usw. 5,15%	CHF	257.50	
– ALV 1,1%	CHF	55.–	
– NBU-Abzug	CHF	73.50	(Annahme 1,47%)
– Pensionskasse	CHF	300.–	(Annahme)
– KTG-Abzug Frauen	CHF	60.–	(Annahme 1,2%)
Nettolohn	**CHF**	**4454.–**	

Alle Abzüge erfolgen auf die CHF 5000.–. Siehe dazu auch die Lohnabrechnung mittels Lohnprogramm auf der folgenden Seite.

2.5.8 Beispiel Abrechnung mittels Lohnprogramm

PERSONALADMIN, ,

Frau
Muster Susi

8000 Zürich

Lohnabrechnung

Mai/2 2012

Versicherungs-Nr.: 515.1515.5155.11
Pers.-Nr.: 002

Auszahlungsdatum: 25.10.2012
Bankverbindung:
Konto-Nr.:

Zulagen

Lohnart	Bezeichnung	Betrag	Anzahl	Faktor	Total
100	Lohn & Gehalt	6'000.00			6'000.00
200	Kinderzulage (FAK)	250.00	2.00		500.00
	Bruttolohn				**6'500.00**

Abzüge

Lohnart	Bezeichnung	Betrag	Anzahl	Faktor	Total
400	AHV-Abzug	6'000.00	5.15		-309.00
401	ALV-Abzug	6'000.00	1.10		-66.00
403	NBUV-Abzug (SUVA)	6'000.00	1.47		-88.00
405	Pensionskasse	300.00			-300.00
407	KTG - Abzug (Frauen)	6'000.00	1.20		-72.00
	Total Abzüge				**-835.00**

Auszahlung an Sie **5'665.00**

SUVA-Basis	6'000.00
SUVA-Lohn	6'000.00
AHV-Basis	6'000.00
AHV-Lohn	6'000.00
ALV-Lohn	6'000.00
AHV-Freigrenze	0
nicht AHV-Pflichtig	0

Ferien-Konto in CHF	0.00
Gratifikations-Konto in CHF	0.00
Ferientage bezogen	0.00
Ferienguthaben in Tagen	20.00
Soll-Arbeitszeit	193.20
IST-Arbeitszeit	193.20
Stundensaldo	0.00

2.6 Verwaltungskosten

Pflichtabzüge	Arbeitnehmeranteil	Arbeitgeberanteil
AHV	4,2%	4,2%
IV	0,7%	0,7%
EO	0,25%	0,25%
ALV (<126 000)	1,1%	1,1%
ALV-Zusatz (126 000–315 000)	0,5%	0,5%
Betriebsunfall	–	branchenabhängig
Nichtbetriebsunfall	branchenabhängig	branchenabhängig
BVG	nach BVG	nach BVG
FAK	–	nach Kanton
Verwaltungskosten	**–**	**nach Kanton**
Freiwillige Abzüge		
- Krankentaggeld	nach Versicherung	nach Versicherung

2.6.1 Finanzierung

Um die Verwaltungskosten zu decken, erheben die AHV-Ausgleichskassen einen Zuschlag auf die AHV-, IV-, EO-Beiträge.

2.6.2 Versicherungspflicht und Beiträge

Den Zuschlag bezahlen ausschliesslich die Arbeitgeber, die Selbstständigerwerbenden und Nichterwerbstätigen. Die Beiträge dürfen nicht auf die Arbeitnehmer umgewälzt werden.

Der Zuschlag erfolgt prozentual zur Summe der AHV-, IV-, EO-Beiträge. Es gibt jedoch riesige Unterschiede in den Beiträgsprozenten. Gemäss Quelle vom «Beobachter 03/10» gibt es Berufsgruppen, die zwischen 0,9 und 2,3% bezahlen, aber auch solche, die nur 0,3 bis 1% bezahlen. Es kommt also darauf an, in welchem Gewerbe man tätig ist, bei welcher Ausgleichskasse man angeschlossen ist und auf die versicherte Lohnsumme. Wird die Abrechnung der Arbeitgeber elektronisch an die Ausgleichskasse übermittelt, wird es nochmals etwas günstiger. Trotzdem kann man die Kasse nicht einfach aussuchen und zu der günstigsten wechseln. Das hat der Bundesrat so beschlossen.

Den Verwaltungskostenbeitragssatz bestimmt die jeweilige Ausgleichskasse. Die SVA Zürich verlangt im Moment einen Satz von 5% bei einer Beitragssumme von bis zu CHF 2500.–. Danach sinkt der Satz kontinuierlich bis auf 0,45% (beziehungsweise 0,2% bei elektronischer Abrechnung) bei einer Beitragssumme von CHF 3 000 000.–.

Für Start-up-Firmen gewährt die SVA Zürich zurzeit einen Spezialsatz von maximal 1% während der ersten zwei Jahre.

Den Maximalsatz bestimmt der Bundesrat. Er ist zurzeit auf 5% festgelegt.

2.6.3 Abrechnung

Für einen **Arbeitgeber** sieht eine Lohnabrechnung mit Verwaltungskosten wie folgt aus:

 Beispiel:

Bruttolohn von CHF 5500.–

AHV, IV, EO	5,15%	CHF	283.25
ALV	1,1%	CHF	60.50
Familienausgleichskasse (SVA Zürich)	1,2%	CHF	66.–
*Verwaltungskosten (SVA Zürich)	5%	CHF	28.35
Total Beiträge des Arbeitgebers		**CHF**	**438.10**

* Die Verwaltungskosten belaufen sich auf 5% der AHV-, IV-, EO-Beiträge von Arbeitnehmer **und** Arbeitgeber. In unserem Beispiel wären dies demzufolge 5% von CHF 566.50.

2.7 Krankentaggeldversicherung (KTG)

Pflichtabzüge	**Arbeitnehmeranteil**	**Arbeitgeberanteil**
AHV	4,2%	4,2%
IV	0,7%	0,7%
EO	0,25%	0,25%
ALV (<126 000)	1,1%	1,1%
ALV-Zusatz (126 000–315 000)	0,5%	0,5%
Betriebsunfall	–	branchenabhängig
Nichtbetriebsunfall	branchenabhängig	branchenabhängig
BVG	nach BVG	nach BVG
FAK	–	nach Kanton
Verwaltungskosten	–	nach Kanton
Freiwillige Abzüge		
– Krankentaggeld	**nach Versicherung**	**nach Versicherung**

2.7.1 Versicherungspflicht

Diese Versicherung ist nicht obligatorisch, sondern freiwillig. Es gibt jedoch gewisse Gesamtarbeitsverträge, die eine obligatorische Krankentaggeldversicherung vorsehen.

Der Abschluss einer Krankentaggeldversicherung lohnt sich speziell für Haushalte, die nicht über genügend Reserven verfügen, um einen allfälligen Lohnausfall selber decken zu können. Wird ein Arbeitnehmer krank, ist der Arbeitgeber nach OR Art. 324a nämlich nur verpflichtet, für eine bestimmte Frist eine Lohnfortzahlung zu leisten.

Durch den Abschluss einer Taggeldversicherung entsteht für den Versicherten keine Einkommenslücke, sobald die Lohnfortzahlung wegfällt, bis zu dem Zeitpunkt, wo eine allfällige Invalidenrente zum Tragen kommt.

Ebenfalls empfehlenswert ist die Versicherung für Unternehmer. Die Versicherung deckt nämlich den Lohnausfall eines krank gewordenen Mitarbeiters ab der Taggeldzahlung und befreit den Unternehmer so von einer Lohnfortzahlungspflicht.

Ohne Taggeldversicherung ist die Dauer der Lohnfortzahlung leider nicht genau definiert. In der Praxis haben sich deshalb die Basler, Berner, Zürcher Skala entwickelt (siehe Anhang 3). Diese sind heute in der Praxis massgebend für die Dauer der Lohnfortzahlung.

2.7.2 Wahl der Krankentaggeldversicherung

Viele Arbeitgeber schliessen eine Kollektiv-Krankentaggeldversicherung für ihre Mitarbeiter ab. Beim Abschluss einer Krankentaggeldversicherung (KTG) ist darauf zu achten, dass es Versicherungen gibt, welche den Schutz nach dem **KVG** (Krankenversicherungsgesetz) und solche nach dem **VVG** (Versicherungsvertragsgesetz) anbieten.

Was bedeutet dies?

Nach KVG:

- Diese Krankenkassen haben als Vorlage das Krankenversicherungsgesetz (KVG). Diese Vorlagen sind zwingend von den Versicherungen anzuwenden.
- Diese Versicherung darf Beitrittswillige nicht ablehnen. Sie darf jedoch einen Vorbehalt anbringen für Personen, die bereits krank sind. Dieser ist jedoch auf maximal fünf Jahre beschränkt.
- Die Prämien sind für Männer und Frauen gleich hoch.
- Viele Krankenkassen bieten jedoch eine schlechte beziehungsweise ungenügende Höhe der maximalen Taggelder an. Diese sind dann oft so tief, dass sie einen überlebenssichernden Betrag nicht erreichen!

Nach VVG:

- Diese Krankenkassen haben als gesetzliche Grundlage das Bundesgesetz über den Versicherungsvertrag (VVG).
- Die Aufnahme kann verweigert werden. Dies betrifft meistens Behinderte und chronisch Kranke und Hausfrauen beziehungsweise Hausmänner.
- Die Prämien sind abhängig von Geschlecht, Gesundheitszustand usw.
- Bei Arbeitsunfähigkeit bei Mutterschaft ist oft eine zusätzliche Prämie nötig.
- Die meisten Kollektivversicherungen werden heutzutage nach dem VVG abgeschlossen.
- Die Verträge können zwischen den einzelnen Versicherungen stark variieren, da sie keinen zwingenden Charakter haben. Ein Vergleich lohnt sich unbedingt!
- Die Prämien sind höher als nach KVG.

2.7.3 Lohnfortzahlungspflicht

Die oben erwähnte Lohnfortzahlungspflicht für Arbeitgeber nach der Basler, Berner, Zürcher Skala kommt jedoch nur unter folgenden Bedingungen zum Tragen:

- Bei einem **unbefristeten** Arbeitsvertrag erhält der Arbeitnehmer eine Lohnfortzahlung nur, wenn das Arbeitsverhältnis bereits länger als drei Monate andauert (in den ersten drei Monaten erhält man kein Taggeld).
- Bei einem **befristeten** Arbeitsvertrag, der für länger als drei Monate abgeschlossen wurde, besteht die Lohnfortzahlungsfrist jedoch bereits ab dem ersten Tag des Anstellungsverhältnisses.

2.7.4 Prämien

Die Arbeitgeber bezahlen die Prämie der Krankentaggeldversicherung. Sie können jedoch den Arbeitnehmern die Hälfte davon vom Lohn abziehen, falls die Versicherung Leistungen erbringt, die über die Lohnfortzahlungspflicht des Arbeitgebers gemäss Art. 324a Abs. 1 OR hinausgehen.

Die Prämien werden aufgrund fest vereinbarter Taggelder oder aufgrund der Lohnsumme berechnet.

2.7.5 Wartefristen

Die Prämien sind – wie erwähnt – sehr hoch. Der Versicherungsnehmer hat die Möglichkeit, die Prämien zu senken, indem er die Wartefrist verlängert (14, 30, 60, 90 Tage usw.).

Wichtig:

Der Arbeitnehmer muss sich bewusst sein, dass er im Krankheitsfall für eine Wartefrist von 14, 30, 60, 90 … Tagen selber aufkommen müsste. Hat er keine finanziellen Probleme und ist er für diese Zeit privat gedeckt, lohnt sich eine Verlängerung der Wartefrist wegen der tieferen Prämien.

2.7.6 Höhe der Lohnfortzahlung

In der Regel ist die Lohnfortzahlung während 720 oder 730 Tagen innerhalb eines Zeitraumes von 900 Tagen (180 bei Rentnern) abgedeckt.

Ein volles Taggeld beträgt 80% des versicherten Verdienstes. Personen, die über CHF 140.– Taggeld pro Tag erhalten und nicht unterhaltspflichtig und nicht invalid sind, erhalten jedoch nur 70% des versicherten Verdienstes.

Eine Karenzfrist von 10 bis 60 Tagen ist in der Praxis üblich.

Wichtig:

Auch hier ist unbedingt darauf zu achten, ob die Versicherung nach VVG oder nach KVG abgeschlossen wird, da diese wesentliche Unterschiede aufweisen (speziell was die Höhe der Taggelder betrifft).

2.7.7 Auszahlung von Taggeldern

Für die Verantwortlichen in der Lohnbuchhaltung ist es wichtig zu wissen, dass, wenn es zu einer Taggeldauszahlung durch die Krankenkasse kommt, sie keinen Lohn im herkömmlichen Sinn darstellt. Das heisst, es dürfen auf die Taggelder keine Sozialversicherungsabzüge getätigt werden.

Bezahlt der Arbeitgeber jedoch weiterhin den vollen Lohn, müssen Sozialversicherungsbeiträge **auf die Differenz** abgezogen werden.

Es ist unbedingt darauf zu achten, dass bei der Jahreslohndeklaration gegenüber den verschiedenen Sozialversicherungen die Taggeldzahlungen nicht als Lohn deklariert werden.

 Beispiel:

Herr Schönberger ist seit Längerem infolge einer schweren Lungenentzündung arbeitsunfähig und erhält im Monat Juni seine Monatsabrechnung wie folgt:

Krankentaggeld (80%)	CHF	6400.–
Lohn und Gehalt (20%)	CHF	1600.–
Bruttolohn (wie gehabt)	**CHF**	**8000.–**

Abzüge
AHV-, ALV-, NBU-, KTG-Abzug usw. werden nur von den 20%, das heisst von den CHF 1600.– fällig. Auf die Taggelder dürfen keine Abzüge der Sozialversicherungen vorgenommen werden.

2.7.8 Berufskrankheiten

Berufskrankheiten unterstehen nicht der Krankentaggeldversicherung, da es sich hier nicht um eine Krankheit, sondern um einen Unfall handelt. Siehe dazu Kapitel 2.3 Unfallversicherung.

Berufskrankheiten stehen immer im Zusammenhang mit giftigen und/oder chemischen Stoffen und unterstehen dem UVG.

2.7.9 Invalidität durch Krankheit

Stellt sich heraus, dass ein Arbeitnehmer durch eine Krankheit invalid wird, kommt spätestens nach Ablauf der Taggeldversicherung durch die Krankentaggeldversicherung die IV zum Tragen. Es erfolgt also keine Leistung mehr aus der Unfallversicherung oder der Krankentaggeldversicherung. Jetzt kommen nur noch die 1. Säule und das BVG zum Tragen.

 Beispiel:

Eine IV-Rente, die durch eine Krankheit (100%) ausgelöst wurde. Ein massgebender durchschnittlicher Jahreslohn (Skala 44) betrug zum Zeitpunkt der IV-Rente CHF 70 200.–. Der AHV-versicherte Lohn, der auch im überobligatorischen BVG versichert ist, betrug CHF 115 000.–. Der Versicherte hat ein 8-jähriges Kind.

Invalidenrente	CHF	25 836.–
Invaliden-Kinderrente	CHF	10 332.–
Total IV 1. Säule	**CHF**	**36 168.–**
2. Säule UVG/KTG (die 2 Jahre, in welchen 80% Lohnfortzahlung gewährt wurden sind abgeschlossen)	CHF	–
2. Säule BVG-Invalidenrente*	CHF	13 349.–
BVG-IV-Kinderrente*	CHF	2 670.–
Total BVG	**CHF**	**16 019.–**
Total IV-Jahresrente aus 1. und 2. Säule	**CHF**	**52 187.–**

* Annahme.

2.7.10 Fallbeispiel

Annahme bei allen Übungen: NBU-Prämie 2% Arbeitnehmer, KTG-Prämie je 1% Arbeitnehmer/Arbeitgeber, BVG-Prämie wird nicht berücksichtigt. (Lösungen S. 178)

Fall 7

a) Herr Schäfer ist bei einer Handelsfirma angestellt. Im Juli ist er während zehn Tagen wegen einer Grippe nicht zur Arbeit erschienen. Die Versicherung hat dem Arbeitgeber – nach Abzug der vertraglich vereinbarten Karenzfrist von drei Tagen – das Krankentaggeld von CHF 1200.– überwiesen. Herr Schäfer hat einen monatlichen Bruttolohn von CHF 5200.–. Der Arbeitgeber zahlt jedoch bei Krankheit 100% des Lohnes.

Erstellen Sie die Lohnabrechnung für den Monat Juli unter Berücksichtigung sämtlicher Abzüge.

b) Was wäre, wenn Herr Schäfer statt einer Erkrankung einen Unfall gehabt hätte?

2.8 Die Mutterschaftsversicherung

2.8.1 Entstehung

Diese Versicherung ist die jüngste der Schweizer Sozialversicherungen. Erst am 1. Juli 2005 wurde sie aufgrund einer Änderung im Erwerbsersatzgesetz (EOG) und einer Referendumsabstimmung eingeführt. Sie ist immer noch integriert in die Erwerbsersatzordnung (EO).

Dadurch, dass die Mutterschaftsversicherung in die EO integriert ist, handelt es sich also um eine obligatorische Versicherung. Die Mitarbeiter sehen jedoch auf ihren Lohnabrechnungen nur die Abzüge an die EO und wissen oft nicht, dass sie damit auch Beiträge an die Mutterschaftsversicherung bezahlen.

2.8.2 Wie wird die Mutterschaftsversicherung finanziert?

Die Arbeitgeber und Arbeitnehmer bezahlen je 0,25% an die Erwerbsersatzordnung, welche zusammen mit den AHV-Beiträgen erhoben wird. Ein Teil davon fliesst in die Mutterschaftsversicherung, die durch diese Beiträge finanziert wird.

Die öffentliche Hand beteiligt sich nicht an der Finanzierung der Mutterschaftsversicherung.

2.8.3 Beitragspflicht

Arbeitgeber, Arbeitnehmer, Selbstständigerwerbende und Nichterwerbstätige bezahlen wie erwähnt durch die EO-Beiträge die Mutterschaftsversicherung. Von den insgesamt 0,5% (Arbeitgeber- und Arbeitnehmer-Beiträge) fliessen zurzeit 0,3% der Beiträge in die Mutterschaftsversicherung.

Nichterwerbstätige beitragspflichtige Personen bezahlen zwischen CHF 14.– und CHF 300.– pro Jahr.

2.8.4 Welche Mütter haben Anspruch auf eine Mutterschaftsentschädigung (MSE)?

Die Beiträge werden nur an Frauen ausbezahlt, die bis zur Geburt ihres Kindes eine Erwerbstätigkeit ausgeübt haben, oder solche, die ihre Erwerbstätigkeit vor der Niederkunft wegen Arbeitslosigkeit oder aus gesundheitlichen Gründen aufgeben mussten.

Es ist jedoch nicht zwingend, dass die Mutter nach dem Mutterschaftsurlaub die Arbeit wieder aufnimmt. Es reicht, wenn sie die oben erwähnten Bedingungen erfüllt, um ein Taggeld durch die Mutterschaftsversicherung zu erhalten.

Ausnahme:

Bei einer Adoption gibt es keinen Anspruch auf Mutterschaftsentschädigung (MSE).

2.8.5 Arbeitspflicht während der Schwangerschaft

Grundsätzlich gilt: Ausschliesslich Schwangere, die aus medizinischen Gründen arbeitsunfähig sind, haben einen Anspruch auf ihren Lohn.

Das bedeutet, dass eine schwangere Mitarbeiterin auf blosse Anzeige hin (das heisst ohne Arztzeugnis) zwar der Arbeit fernbleiben darf (Kündigungsschutz).

Die Folge eines solchen Fernbleibens ohne Arztzeugnis ist jedoch die, dass die Schwangere für diese Zeit keinen Anspruch auf Lohn hat. Der Arbeitgeber darf jedoch selbstverständlich den Lohn auch bei solchen Absenzen weiterhin bezahlen, was in der Praxis auch oft der Fall ist.

Bei einer Absenz mit Arztzeugnis muss der Arbeitgeber für eine gewisse Zeit (siehe Basler, Berner, Zürcher Skala) den Lohn weiterhin bezahlen. Die Bedingungen sind auch hier, dass das Arbeitsverhältnis mindestens seit drei Monaten besteht oder für mehr als drei Monate eingegangen worden ist (bei einem befristeten Arbeitsvertrag).

2.8.6 Risiko am Arbeitsplatz

Dieser Abschnitt ist speziell für Arbeitgeber sehr wichtig!

Übt eine Mitarbeiterin in einem Betrieb eine Tätigkeit aus, die ein Risiko während der Schwangerschaft für sie darstellt oder beschwerlich ist, so muss der Arbeitgeber ihr eine gleichwertige ungefährliche Arbeit für die Zeit der Schwangerschaft anbieten.

Tut er dies nicht, ist er verpflichtet, der Mitarbeiterin bis zum Ende der Schwangerschaft 80% des Lohnes zu entrichten.

 Beispiel:

Eine Krankenschwester, die Nachtdienst leistet, darf ab dem achten Schwangerschaftsmonat keine Nachtarbeit mehr leisten. Dieses Verbot ist zwingend!

Sie kann mit einem Arztzeugnis ein solches Nachtverbot auch bereits ab dem ersten bis Ende des siebten Schwangerschaftsmonates einfordern, und der Arbeitgeber muss ihr eine gleichwertige Tagesarbeit anbieten. Unterlässt er dies, kann sie zu Hause bleiben und erhält 80% des Lohnes.

2.8.7 Bedingungen zum Erhalt der MSE

Diese Bedingungen sind zwingend. **Eine** der folgenden Voraussetzungen muss zum Zeitpunkt der Geburt von der Mutter erfüllt worden sein:

- Sie muss angestellt oder selbstständig erwerbend sein,
- im Betrieb des Ehemannes arbeiten und dafür einen Barlohn erhalten haben,
- arbeitslos sein und demzufolge ein Taggeld der ALV beziehen,
- Taggelder von einer Sozial- oder Privatversicherung als Folge einer Krankheit, von Invalidität oder eines Unfalles beziehen,
- in einem gültigen Arbeitsverhältnis stehen, auch wenn sie dafür keinen Lohn oder kein Taggeld mehr erhält.

Dazu kommt, dass die Mutter zusätzlich zu den oben erwähnten Voraussetzungen noch die nachfolgenden zwei Bedingungen erfüllen muss:

- Die Mutter muss in den letzten neun Monaten unmittelbar vor der Geburt obligatorisch in der AHV versichert gewesen sein und
- während dieser Zeit mindestens fünf Monate lang eine Erwerbstätigkeit ausgeübt haben.

2.8.8 Beginn der MSE

- Die Entschädigung der Mutterschaftsversicherung kommt ab der Geburt eines lebensfähigen Kindes für höchstens 98 Tage = 14 Wochen zum Tragen.

Für die Zeit **vor** der Geburt besteht kein Anspruch auf Mutterschaftsentschädigung. Bleibt die Mutter trotzdem vor der Geburt zu Hause, ist ihr Lohn nur gedeckt, falls sie eine Krankentaggeldversicherung hat oder noch eine Lohnfortzahlungspflicht des Arbeitgebers besteht.

- Die Taggelder werden während sieben Tagen pro Woche bezahlt – also auch für das Wochenende.
- Die Mutter darf von Gesetzes wegen auch während 16 Wochen zu Hause bleiben, falls sie dies möchte. Diese zusätzlichen zwei Wochen wären jedoch unbezahlt, ausser der Arbeitgeber bezahlt diese auf freiwilliger Basis.

Zu den gesetzlichen Grundlagen gibt es auch freiwillige Entschädigungen. So dürfen die Kantone auch einen Mutterschaftsurlaub von mehr als 14 Wochen vorsehen. Das bleibt ihnen überlassen.

Auch gibt es Arbeitgeber, die einen längeren Mutterschaftsurlaub bezahlen als die vorgeschriebenen 14 Wochen.

2.8.9 Wann endet die MSE?

Grundsätzlich gilt:
Für die Mutter herrscht ein Berufsverbot von acht Wochen nach der Niederkunft.

Nimmt die Mutter vor Beendigung des Mutterschaftsurlaubes von 14 Wochen wieder eine Erwerbstätigkeit auf, und zwar unabhängig vom Beschäftigungsgrad und von der Beschäftigungsdauer, endet der Anspruch auf Entschädigung in jedem Fall sofort.

2.8.10 Kündigungsschutz

Sobald die Probezeit abgelaufen ist und die Mitarbeiterin schwanger wird, herrscht ein Kündigungsverbot während der gesamten Schwangerschaft und in den 16 Wochen des Mutterschaftsurlaubes (14 Wochen bezahlt und zwei Wochen «unbezahlt»).

2.8.11 Beiträge an das BVG und Sozialabzüge während der MSE

- Sozialabzüge:

Hier gilt, dass die Taggelder der Mutterschaftsentschädigung als ganz normaler Lohn betrachtet werden. Es werden also ganz normal AHV-, IV-, EO-Beiträge abgezogen, und den unselbstständigen Erwerbstätigen werden auch die ALV-Beiträge in Abzug gebracht.

- Das BVG:

Bis zur Beendigung der 14 Wochen Mutterschaftsentschädigung bleibt auch das zwingend angemeldet. Der Arbeitnehmer bezahlt also weiterhin seinen Anteil an die Pensionskasse in der Höhe wie vor der Geburt, und die Mitarbeiterin erhält ihren Anteil von der Mutterschaftsentschädigung abgezogen.

2.8.12 Der 13. Monatslohn

Für die Lohnadministration ist es wichtig zu wissen, dass auch ein 13. Monatslohn in der Anmeldung beziehungsweise in der Abrechnung berücksichtigt werden muss, und zwar wie folgt:

Sofern ein 13. Monatslohn vereinbart wurde, muss dieser bei der MSE-Anmeldung angegeben werden und wird bis zum **letzten** Tag vor der Niederkunft pro rata bezahlt.

 Beispiel:

Anna B. gebärt am 25. August einen Sohn. Sie hat im Vertrag einen 13. Monatslohn vereinbart. Die Firma bezahlt also im August den 13. Monatslohn anteilsmässig vom 1. Januar bis 24. August.

Wichtig Sozialabzüge:

Die Mutterschaftsentschädigung ist ein Einkommen. Daher müssen auf die Entschädigung AHV-, IV-, EO- und ALV-Beiträge geleistet werden, jedoch nicht KTG-, NBU- usw. Der Arbeitgeber bezahlt zusätzlich noch den Beitrag an die Familienausgleichskasse (FAK). Siehe Lohnabrechnungsbeispiel am Ende des Kapitels.

2.8.13 Wie wird das Taggeld berechnet?

Die Entschädigung beträgt 80% des durchschnittlichen Bruttoeinkommens vor der Geburt, **höchstens** jedoch CHF 196.– pro Tag (Stand 2012). Dies entspricht einem maximalen Jahreslohn von CHF 88 200.–.

- Wie wird dieses maximale Taggeld von CHF 196.– berechnet?

  CHF 88 200.– (max. Jahreslohn) x 0,8 (80%) : 360 Tage = CHF 196.–

Da wie erwähnt das durchschnittliche Bruttoeinkommen zur Berechnung kommt, kann sich ein unbezahlter Urlaub während der Schwangerschaft negativ auf das Taggeld auswirken. Dies sollte von der werdenden Mutter unbedingt mit berücksichtigt werden.

 Beispiel:

Anna B. arbeitet vollzeitlich bei einer Versicherung als Sachbearbeiterin und verdiente bis vor der Geburt ihres Kindes durchschnittlich CHF 6400.– im Monat.

6400.– x 0,80 : 30 Tage = 170.66 CHF pro Tag

Wichtig:

Berechnet man das Taggeld vom Monatslohn aus, wird durch 30 Tage geteilt. Wird es vom Jahreslohn berechnet, wird durch 360 Tage geteilt.

2.8.14 Ferienkürzung während der Schwangerschaft

Die angehenden Mütter sind bei voller Arbeitsunfähigkeit für zwei Monate geschützt. Danach, ab dem dritten Monat Krankheit (Beschwerden während der Schwangerschaft), kann vom Arbeitgeber eine minime Kürzung von $^{1}/_{12}$ pro vollen Monat der Arbeitsverhinderung vorgenommen werden.

Während des Mutterschaftsurlaubes darf der Arbeitgeber jedoch keinerlei Ferienkürzungen vornehmen!

2.8.15 Anmeldung der MSE

Für die Mütter, aber auch für die Lohnadministration ist es wichtig zu wissen, dass die Mutterschaftsentschädigung nicht automatisch erfolgt. Sie muss bei der zuständigen Ausgleichskasse angemeldet werden. Bei der Kasse kann auch das Formular heruntergeladen werden (in Zürich: www.svazurich.ch).

Achtung:

Die Anmeldung kann erst **nach** der Niederkunft eingereicht werden, da das genaue Datum der Niederkunft in der Anmeldung eingetragen werden muss.

Die Anmeldung ist wie folgt einzureichen:

- Ist die Mutter Arbeitnehmerin, muss die Anmeldung dem Arbeitgeber eingereicht werden. Dieser leitet sie der Ausgleichskasse weiter.
- Ist die Mutter selbstständig, erfolgt die Anmeldung bei der AHV-Ausgleichskasse, bei welcher sie ihre AHV-Beiträge bisher eingereicht hat.
- Unterlässt es die Mutter, ihren Anspruch via Arbeitgeber anzumelden, kann der Arbeitgeber die Anmeldung einreichen, falls er während der Dauer des Anspruches einen Lohn ausbezahlt.
- In Ausnahmefällen kann der Anspruch auch von den Angehörigen eingereicht werden. Dies ist der Fall, wenn die Mutter ihren Unterhalts- oder Unterstützungspflichten nicht nachkommt.

2.8.16 Wem wird die MSE ausbezahlt?

Ist die Mutter Arbeitnehmerin, so wird das Taggeld dem Arbeitgeber ausbezahlt, falls dieser während dem Mutterschaftsurlaub den Lohn weiterhin bezahlt.

In allen anderen Fällen erfolgt die Auszahlung direkt an die Mutter.

Beträgt die Entschädigung weniger als CHF 200.– pro Monat, wird sie erst Ende des Mutterschaftsurlaubes ausbezahlt.

2.8.17 Unfallversicherung

Ein wichtiger Punkt, der unbedingt zu beachten ist. Alle Mütter, die eine Mutterschaftsentschädigung erhalten, sind auch weiterhin gegen Unfall versichert. Die Mutter ist jedoch von der Prämienbezahlung während dieser Zeit befreit.

Dies gilt auch für arbeitslose Mütter. Es darf jedoch keine Lücke entstanden sein zwischen dem Bezug von Arbeitslosentaggeldern und der Mutterschaftsentschädigung.

Ausnahme:

Bezahlt der Arbeitgeber während der Mutterschaftsentschädigung weiterhin einen Lohn aus, der höher ist als die Entschädigung durch die Mutterschaftsversicherung, so muss er auf die Differenz eine UVG-Prämie entrichten (bis zurzeit maximal CHF 126 000.–).

2.8.18 Selbstständigerwerbende

Für selbstständig erwerbende Mütter gilt dieselbe Berechnung der Taggelder wie bei unselbstständig erwerbenden. Massgebend ist hier der vor der Niederkunft verfügte AHV-Beitrag.

Das Jahreseinkommen wird auch hier mit 0,8 multipliziert und durch 360 Tage geteilt.

Die maximale Tagesentschädigung ist ebenfalls mit CHF 196.– limitiert. Dies entspricht einem Jahreseinkommen von CHF 88 200.–.

 Beispiel:

Jasmin K. hat ein Jahreseinkommen von CHF 45 000.– : 360 x 0,8 = CHF 100.– pro Tag

2.8.19 Lohnabrechnung MSE mittels Lohnprogramm

In der nachfolgenden Lohnabrechnung wurde als Beispiel eine Entschädigung durch die MSE von CHF 4800.– angenommen und zusätzlich noch ein Lohn von CHF 1200.–, der durch den Arbeitgeber ausbezahlt wurde.

Ich habe dieses Beispiel bewusst genommen, um aufzuzeigen, von welchem Lohn beziehungsweise welcher Entschädigung welche Abzüge der Sozialversicherungen getätigt werden.

In der Praxis gibt es natürlich auch sehr oft den Fall, dass nur eine Mutterschaftsentschädigung bezahlt wird und kein weiterer Lohn von dem Arbeitgeber. In diesem Fall sind – wie im Beispiel ersichtlich – die AHV-, IV-, EO- und ALV-Beiträge ebenfalls fällig, ebenso die BVG-Beiträge.

PERSONALADMIN, ,

Frau
Muster Susi

8000 Zürich

Lohnabrechnung

August/1 2012

Versicherungs-Nr.: 515.1515.5155.11
Pers.-Nr.: 002

Auszahlungsdatum: 05.12.2012
Bankverbindung:
Konto-Nr.:

Zulagen

Lohnart	Bezeichnung	Betrag	Anzahl	Faktor	Total
100	Lohn & Gehalt	1'200.00			1'200.00
200	Kinderzulage (FAK)	250.00	2.00		500.00
853	MV-Taggeld	4'800.00			4'800.00
	Bruttolohn				**6'500.00**

Abzüge

Lohnart	Bezeichnung	Betrag	Anzahl	Faktor	Total
400	AHV-Abzug	6'000.00	5.15		-309.00
401	ALV-Abzug	6'000.00	1.10		-66.00
403	NBUV-Abzug (SUVA)	1'200.00	1.47		-17.60
405	Pensionskasse	300.00			-300.00
407	KTG - Abzug (Frauen)	1'200.00	1.20		-14.40
	Total Abzüge				**-707.00**

Auszahlung an Sie **5'793.00**

SUVA-Basis	1'200.00
SUVA-Lohn	1'200.00
AHV-Basis	6'000.00
AHV-Lohn	6'000.00
ALV-Lohn	6'000.00
AHV-Freigrenze	0
nicht AHV-Pflichtig	0

Ferien-Konto in CHF	0.00
Gratifikations-Konto in CHF	0.00
Ferientage bezogen	0.00
Ferienguthaben in Tagen	20.00
Soll-Arbeitszeit	184.80
IST-Arbeitszeit	0.00
Stundensaldo	-184.80

2.8.20 Fallbeispiel

(Lösungen S. 178)

Fall 8

Susi Meier verdient vor der Geburt ihres Kindes CHF 7850.–. Wie viel Entschädigung erhält sie von der Mutterschaftsversicherung pro Monat?

2.9 Die Erwerbsersatzordnung (EO)

Pflichtabzüge	**Arbeitnehmeranteil**	**Arbeitgeberanteil**
AHV	4,2%	4,2%
IV	0,7%	0,7%
EO	**0,25%**	**0,25%**
ALV (<126 000)	1,1%	1,1%
ALV-Zusatz (126 000–315 000)	0,5%	0,5%
Betriebsunfall	–	branchenabhängig
Nichtbetriebsunfall	branchenabhängig	branchenabhängig
BVG	nach BVG	nach BVG
FAK	–	nach Kanton
Verwaltungskosten	–	nach Kanton
Freiwillige Abzüge		
– Krankentaggeld	nach Versicherung	nach Versicherung

2.9.1 Entstehung

Die Erwerbsersatzordnung gibt es schon seit dem Zweiten Weltkrieg. Sie diente dazu, den Wehrmännern einen Erwerbsersatz zu gewährleisten, und wurde durch eine Ausgleichskasse organisiert und durch Lohnprozente finanziert.

Später diente die EO als Vorlage für die AHV. Heute beziehungsweise seit 2005 ist der EO ebenfalls noch die Mutterschaftsentschädigung angeschlossen.

Seit 2011 werden 0,5 Lohnprozente erhoben. Diese 0,5% bleiben gemäss Bundesratsentscheid noch bis ins Jahr 2015 bestehen.

2.9.2 Anspruch

In der Schweiz haben alle Arbeitnehmer, Selbstständigerwerbenden und Nichterwerbstätige einen Anspruch auf die Leistungen der Erwerbsersatzordnung, die Dienst in der Schweizer Armee, im Zivilschutz oder Rotkreuzdienst absolvieren.

Auch Arbeitslose und Studenten beziehungsweise Auszubildende, die in einer Berufslehre stehen, haben einen Anspruch.

Studenten beziehungsweise Auszubildende in einer Berufslehre müssen lediglich mindestens vier Wochen (20 Arbeitstage) in den letzten zwölf Monaten gearbeitet haben. Es reicht bereits, wenn sie lediglich versucht haben, Arbeit zu finden. Als Beweis müssen Absagebriefe vorgelegt werden.

2.9.3 Zusammensetzung der Entschädigung

Der Militärpflichtersatz wird zu 20% vom Arbeitgeber und zu 80% von der EO bezahlt.

2.9.4 Entschädigung

Es gibt eine sogenannte Grundentschädigung für den Lohnausfall. Dazu kommen individuell noch die Kinderzulagen, Betreuungskosten und/oder Betriebszulagen. Diese Betriebszulagen betreffen nur gewisse Branchen im selbstständigen Erwerb.

Die Grundentschädigung ist wie folgt:

Nichterwerbstätige erhalten generell	CHF 62.– pro Tag
Erwerbstätige, die in der RS sind (ohne Kinder)	CHF 62.– pro Tag
Erwerbstätige, die in der RS sind (mit Kindern) + normaler Dienst	80% des durchschnittlichen Einkommens. Minimal CHF 62.–, maximal jedoch CHF 196.– pro Tag
Erwerbstätige im Beförderungsdienst	80% des durchschnittlichen Einkommens vor dem Dienst. Minimum CHF 111.–, maximal jedoch CHF 196.– pro Tag
Kinderzulagen	CHF 20.– pro Kind und Tag

2.9.5 Anmeldung

- Alle Personen, die Militärdienst leisten oder einen Kurs besuchen, erhalten dort eine Meldekarte.
  Wichtig: Die Karte wird von Arbeitgeber und Arbeitnehmer gemeinsam ausgefüllt.
- Hat ein Angestellter mehrere Arbeitgeber, gibt er die Meldekarte einem der Arbeitgeber ab und verlangt von allen anderen Arbeitgebern eine Lohnbescheinigung, die er der Meldekarte dann beilegt.
- Selbstständigerwerbende leiten die Meldekarte direkt an ihre Ausgleichskasse weiter.
- Studenten und Auszubildende schicken die Karte an die kantonale Ausgleichskasse der Lehranstalt.
- Arbeitslose müssen die Karte an den letzten Arbeitgeber weiterleiten. Weitere Auskünfte bei Unklarheit sollte die Arbeitslosenkasse erteilen.

2.9.6 Abrechnung der Entschädigung

Die Erwerbsersatzordnung stellt ein Einkommen dar und unterliegt somit – wie auch die Mutterschaftsentschädigung – den Sozialabzügen.

Falls der Arbeitgeber den Lohn weiterhin bezahlt, erhält er die Entschädigung der EO. Das heisst also, sobald der Militärpflichtersatz von der Ausgleichskasse dem Arbeitgeber überwiesen wird, wird wie folgt auf der Lohnabrechnung ausgewiesen:

 Beispiel:

Der Arbeitnehmer hat einen vereinbarten Bruttolohn von CHF 4200.–. Diesen erhält er auch während seines Militärdienstes. Nehmen wir an, dass der Arbeitgeber für den Militärdiensteinsatz des Arbeitnehmers von der Erwerbsersatzordnung eine Entschädigung von CHF 1200.– erhält. Der Arbeitgeber stellt folgende Lohnabrechnung aus:

Bruttolohn	CHF	3000.–
EO Versicherungsleistung	CHF	1200.–
Ergibt wieder den normalen Bruttolohn von	**CHF**	**4200.–**

Sozialabzüge:

- Es werden AHV, IV, EO und ALV vom **Totalbetrag** (also von CHF 4200.–) abgezogen.
- Alle anderen Abzüge wie KTG, NBU usw. werden jedoch nur vom speziellen Bruttolohn (hier CHF 3000.–) fällig. Demnach nur auf den Teil des Lohnes, den der Arbeitgeber selber bezahlt, und nicht auf die Leistung der Erwerbsersatzordnung.

Wichtig:

Personen, die während dem Militärdienst keinen Lohn erhalten, bekommen die Entschädigung direkt von der Ausgleichskasse überwiesen.

2.9.7 Lohnfortzahlungspflicht und Entlöhnung

Während der Dauer des Militärdienstes müssen die Arbeitgeber die Differenz zwischen der Leistung der Erwerbsersatzordnung (EO) und 80% des normalen Lohnes begleichen. Somit erhält der Mitarbeiter während dem Militärdienst weiterhin einen Lohn von 80% seines normalen Verdienstes.

Die Dauer der Lohnfortzahlungspflicht durch den Arbeitgeber ist jedoch nicht unbegrenzt und richtet sich auch hier wieder nach der Dauer des Arbeitsverhältnisses. Es kommt dabei ebenfalls die Basler, Berner oder Zürcher Skala zur Anwendung.

Personen, die einem Teilzeitpensum nachgehen, haben ebenfalls Anspruch auf 80% des normalen Bruttolohnes.

2.9.8 Krankheit und/oder Unfall im Militär

Bei einem Unfall oder einer Erkrankung des Arbeitnehmers im Militär- oder Zivildienst kommt die Militärversicherung zum Tragen.

Diese ist sehr umfangreich und entspricht weitgehend derjenigen der Unfallversicherung SUVA.

2.9.9 Fallbeispiel

(Lösungen S. 178)

Fall 9

Herr Zeltner, Angestellter bei einer Schreinerei, hat einen Bruttolohn von CHF 6500.–. Für seinen letzten Militärdienst sind dem Arbeitgeber im März CHF 4500.– Entschädigung von der Ausgleichskasse überwiesen worden.

Wie sieht die Lohnabrechnung März unter Berücksichtigung sämtlicher Abzüge (KTG 1%, NBU 2%) aus?

2.10 Die Ergänzungsleistungen (EL)

2.10.1 Entstehung und Anspruch

Bei den Ergänzungsleistungen handelt es sich um keinen Sozialabzug beim Lohn, und sie sind deshalb für die Lohnabrechnung in dem Sinn nicht relevant.

Da die EL als Lohn- bzw. Rentenergänzung angesehen werden, möchte ich diesen Bereich der Vollständigkeit halber auch erwähnen.

Es gibt leider auch immer wieder Personen, die trotz AHV- oder IV-Rente und Privatvermögen nicht genügend Geld zur Verfügung haben, um die notwendigen Lebenshaltungskosten zu decken. In diesen Situationen haben die Menschen einen Anspruch auf Ergänzungsleistungen.

Die Ergänzungsleistungen sind ein Anspruch, den wir von Rechts wegen haben. Sie gelten nicht als Sozialhilfe oder Fürsorge, sondern sind eine sogenannte Bedarfshilfe und unterstehen einem Bundesrecht.

Die EL gibt es bereits seit 1966 und waren ursprünglich nur als Übergangslösung gedacht. Diese Annahme war leider unrealistisch. Im Gegenteil: Der Bedarf nach Ergänzungsleistungen ist sogar noch gestiegen.

Wer hat Anspruch?

- Der Antragsteller muss bereits entweder eine AHV- oder eine IV-Rente, eine Hilflosenentschädigung oder ein IV-Taggeld seit mindestens sechs Monaten beziehen.
- Für Ausländer muss eine Karenzfrist erfüllt sein: Sie müssen seit mindestens zehn Jahren in der Schweiz sein, als Flüchtling und Staatenloser fünf Jahre. Diese Regelung gilt nicht für EU-Bürger, da diese seit 2002 den Schweizern gleichgestellt sind.
- Der Wohnsitz und der gewöhnliche Aufenthalt müssen in der Schweiz sein.

2.10.2 Berechnung

Jeder Kanton ist für die Berechnung der Ergänzungsleistungen selber zuständig.

Bei der Berechnung, ob jemandem eine Ergänzungsleistung zusteht oder nicht, wird teilweise das Erwerbseinkommen angerechnet abzüglich eines Freibetrages, der Sozialversicherungsbeiträge und Berufsauslagen. Vom Rest werden zwei Drittel angerechnet.

Dies tönt sehr komplex, was die individuellen Berechnungen auch sind.

Es gilt jedoch folgendes Grobkonzept:

- Es gibt sogenannte **anerkannte Ausgaben** und **anerkannte Einnahmen,** diese sind gesetzlich und mittels Verordnungen geregelt. Nur diese anerkannten Ausgaben beziehungsweise Einnahmen werden zur Berechnung verwendet. Zu den Einnahmen zählen auch Vermögensteile.
- Übersteigen die anerkannten Ausgaben die anerkannten Einnahmen, hat man Anspruch auf Ersatzleistungen. Ansonsten wird das Gesuch abgelehnt.

Wenn sich das Einkommen oder auch das Vermögen wesentlich verändert, werden die Ergänzungsleistungen entsprechend verringert oder erhöht.

Deshalb müssen jegliche Änderungen umgehend der Behörde mitgeteilt werden.

Wichtig:

Zu beachten ist, dass Ergänzungsleistungen von den Steuern und Abgaben befreit sind.

Die Höhe der Beträge für den allgemeinen Lebensbedarf pro Jahr sind wie folgt festgelegt:

- CHF 19210.– für Alleinstehende
- CHF 28815.– für Ehepaare
- CHF 10035.– für Waisen

2.10.3 Zusätzliche Leistungen

Nebst den jährlichen Ergänzungsleistungen gibt es auch noch zusätzliche Leistungen, bei denen der EL-Bezieher ein Anrecht auf Rückerstattung hat.

Es sind dies zum Beispiel einfache zahnärztliche Behandlungen, Hilfe, Pflege und Betreuung zu Hause, Kosten für Hilfsmittel, Krankenkassen-Beteiligung von maximal CHF 1000.– pro Jahr oder auch zusätzliche Mehrkosten, falls man eine lebensnotwendige Diät durchführen muss.

Die Kantone erlassen diese Bestimmungen. Bitte informieren Sie sich daher bei Ihrer AHV-Zweigstelle am Wohnort.

2.10.4 Anmeldung

Die versicherte Person muss sich selber bei der Zweigstelle der kantonalen Ausgleichskasse an ihrem Wohnsitz anmelden.

Mit Beginn des AHV- oder IV-Rentenbezuges kann jeder Rentenbezieher mit dem Ergänzungsleistungs-Selbstberechnungsblatt feststellen, ob er unter Umständen einen Anspruch auf Ergänzungsleistungen hat oder nicht.

Dieses Selbstberechnungsblatt ist bei der Ausgleichskasse erhältlich.

2.10.5 Finanzierung

Die EL werden zum grössten Teil vom Bund finanziert. Die Kantone übernehmen noch zusätzlich die Kosten, die durch den Bund nicht gedeckt sind. Teilweise werden die Gemeinden noch durch die Kantone belastet.

2.11 Pflichtabzüge bei Selbstständigkeit

Pflichtabzüge	
AHV, IV, EO	**9,7%**
Verwaltungskosten	**je nach Kanton**
FAK-Beiträge	**je nach Kanton**
ALV	kein Beitrag
Betriebsunfall	freiwillig
Nichtbetriebsunfall	freiwillig
BVG	freiwillig
Krankentaggeld	freiwillig

Was gilt es zu beachten, wenn man sich mit einer Einzelfirma selbstständig gemacht hat? Die Sozialabzüge sind anders als bei unselbstständigem Erwerb. Dies betrifft die Höhe der Beiträge sowie auch die obligatorischen beziehungsweise die freiwilligen Versicherungen. In den nächsten Kapiteln gehen wir näher darauf ein.

Dieses Kapitel gilt **nicht** für Personen, die sich selbstständig machen und eine AG oder GmbH gründen. Als juristische Person gelten sie als unselbstständig und müssen alle Abzüge ganz normal tätigen.

2.11.1 Berechnung der AHV-Beiträge

Obligatorische Beiträge für Selbstständigerwerbende sind lediglich fällig für AHV-, IV-, EO-Beiträge. Zusätzlich dazu werden noch Verwaltungskosten von der jeweiligen Ausgleichskasse erhoben.

Die Beiträge werden aufgrund des massgebenden Einkommens, das heisst des Reingewinns, ermittelt, der in der Steuererklärung für die direkte Bundessteuer angegeben wird.

Die Steuerbehörde meldet der Ausgleichskasse den Betrag des Gewinnes und des investierten Eigenkapitals. Diese Angaben sind für die Ausgleichskasse verbindlich.

Von dem Reingewinn (= Erwerbseinkommen) zieht die Ausgleichskasse noch einen Prozentsatz für das investierte Eigenkapital ab. Dieser Prozentsatz beträgt seit dem Januar 2010 2%.

 Beispiel:

Zu beachten gilt es, dass bei einer unteren Einkommensgrenze ein Minimalbetrag der AHV-, IV-, EO-Beiträge von CHF 480.– eingefordert wird (siehe Kapitel 2.11.2). Dies entspricht einem Reingewinn, der kleiner ist als CHF 9400.–.

Annahme:

Reingewinn aus selbstständiger Erwerbstätigkeit = CHF 8500.–
In den Betrieb investiertes Eigenkapital = CHF 10 000.–

Abrechnung:

2% Zins auf Eigenkapital	CHF	200.–
Reingewinn abzüglich Zins Eigenkapital	CHF	8300.–
Beitragssatz in %	Null	
AHV-, IV-, EO-Beitrag (mindestens CHF 480.–)	CHF	480.–
+ 5% Verwaltungskostenbeitrag (von CHF 480.–)	CHF	24.–
Total Jahresbeitrag	**CHF**	**504.–**

2.11.2 AHV-, IV-, EO-Beiträge

Die Beiträge werden in Form einer Pauschalen erhoben. Es gibt jedoch verschiedene Abstufungen, die je nach Höhe des Einkommens/Reingewinnes grösser oder kleiner sind:

- Erreicht man ein Einkommen (einen Reingewinn) das unter CHF 9400.– liegt, zählt dies zu den sogenannten «geringfügigen Einkommen», und der AHV-, IV-, EO-Beitrag beträgt lediglich CHF 480.–. Dies entspricht dem Mindestbeitrag.
- Ab diesem «geringfügigen Einkommen» von unter CHF 9400.– sind die Beitragsprozente von 5,223% gestaffelt bis maximal 9,75%. Diese 9,75% werden fällig bei einem Einkommen/Reingewinn von mindestens CHF 56 200.–.

Bei den jeweiligen Ausgleichskassen sind die Abstufungen genau ersichtlich.

ALV-Beiträge:

Es werden keine Beiträge an die Arbeitslosenversicherung erhoben, da ein Selbstständigerwerbender keinen Anspruch auf Arbeitslosenentschädigung hat.

2.11.3 Freiwillige Abzüge

Alle nachfolgenden Abzüge sind freiwillig, und die Prämien sind jeweils branchenabhängig:
- Betriebsunfall, Nichtbetriebsunfall, BVG gegen die Risiken Alter, Invalidität und Tod, KTG.

BVG:

Selbstständigerwerbende haben oft die Möglichkeit, sich bei einem Branchen- oder Berufsverband zu versichern. Besteht dieses Angebot nicht, kann sich ein Selbstständigerwerbender auch einer Auffangeinrichtung anschliessen.

Unfallversicherung:

Das UVG sieht vor, dass sich Selbstständigerwerbende freiwillig bei einer Unfallversicherung anschliessen können.

Achtung:

Die SUVA nimmt nur Personen auf, die einer bestimmten Berufsgattung angehören.

Die Prämien richten sich hier nach dem versicherten Verdienst. Die Leistungen hingegen sind wie in der obligatorischen Versicherung und schliessen eine IV-Rente mit ein, Taggelder usw.

2.11.4 Angestelltes Personal

Beschäftigt ein Selbstständigerwerbender zusätzlich noch Arbeitnehmer, müssen diese ganz normal versichert werden. Das heisst, sie zahlen AHV-, IV-, EO- und ALV-Beiträge und sind auch unfall-, BVG- und KTG-versichert.

Im Fall der Pensionskasse muss sich der Selbstständigerwerbende nun als Arbeitgeber einer eingetragenen Versicherung anschliessen, in welcher der/die Angestellte(n) obligatorisch versichert werden können. Dabei hat auch der selbstständigerwerbende Arbeitgeber die Möglichkeit, sich anzuschliessen.

2.11.5 Akontobeiträge

Die Ausgleichskassen setzen Akontobeiträge fest, die vierteljährlich fällig werden. Diese Beiträge ergeben sich entweder aufgrund von Angaben des Selbstständigerwerbenden selbst oder gemäss der Steuerdeklaration vom Vorjahr und sind deshalb provisorisch. Die Beiträge müssen jeweils spätestens bis zum 10. nach Quartalsende bei der Kasse eingetroffen sein.

Es herrscht auch hier, wie bei allen Steuern, eine Selbstdeklaration. Stellt man Ende Jahr fest, dass die Akontozahlungen zu tief sind, muss dies unverzüglich der Ausgleichskasse gemeldet werden. Dies ist wichtig, ansonsten riskiert man Verzugszinsen (!), denn sobald das Steueramt den tatsächlichen Reingewinn der Kasse meldet, wird die definitive Beitragshöhe bestimmt.

Es ist somit sicher von Vorteil, eher zu viele Akontobeiträge zu bezahlen als zu wenige. Die Differenz wird jeweils zurückerstattet (siehe Kapitel 2.11.6).

2.11.6 Definitive Beiträge und Verzugszinsen

Wie wir in den vorherigen Kapiteln erfahren haben, werden die endgültigen Beiträge aufgrund der Steuerveranlagung festgesetzt.

Die Ausgleichskasse verrechnet die Akontozahlungen mit den definitiven Beiträgen und erstattet die Differenz zurück beziehungsweise stellt eine Rechnung aus, falls zu wenig bezahlt wurde.

Achtung:

Wie erwähnt: Es fallen Verzugszinsen an, falls zu wenig einbezahlt wurde.

2.11.7 Steuern

AHV-, IV-, EO-Beiträge:

Die bezahlten AHV-, IV-, EO-Beiträge können vollständig als geschäftsmässig begründete Kosten vom Betriebsergebnis in Abzug gebracht werden.

Dies gilt auch für die Arbeitgeberbeiträge, falls Sie allfällige Arbeitnehmer in Ihrem Betrieb beschäftigen.

Im Gegenzug werden jedoch alle Auszahlungen von AHV, IV, EO zu 100% besteuert.

Beiträge an das BVG:

Wenn der Selbstständigerwerbende keine Angestellten hat, so kann er 50% von seinen Beiträgen als sogenannten Arbeitgeberanteil als Geschäftsaufwand abziehen.

Beschäftigt er Angestellte, so kann er deren Arbeitgeberbeiträge als Geschäftsaufwand abziehen.

2.12 Kurzarbeit

Hierbei handelt es sich nicht um einen Sozialbeitrag im Sinne eines Lohnabzuges. Die Kurzarbeit ist jedoch der Arbeitslosenversicherung angeschlossen und untersteht auch dem neuen Arbeitslosengesetz und dessen Verordnung vom 1. April 2011.

Da es sich jedoch um ein Hilfsmittel beziehungsweise eine Unterstützung für den Arbeitnehmer und den Arbeitgeber handelt, darf dieses Kapitel auf keinen Fall in diesem Leitfaden fehlen.

Mit diesem Hilfsmittel des Arbeitgebers soll verhindert werden, dass Kündigungen ausgesprochen werden, obwohl vielleicht nur kurzfristig Arbeits- beziehungsweise Auftragsausfälle herrschen.

Der Arbeitgeber erhält so für einen gewissen Zeitraum einen Teil der Lohnkosten durch die Arbeitslosenversicherung erstattet und kann den Arbeitnehmer im Betrieb behalten.

2.12.1 Wer hat Anspruch?

- Anspruch auf Kurzarbeitsentschädigung haben alle Arbeitnehmer/innen, die ALV-Beiträge bezahlen. Sie dürfen aber nicht in gekündigtem Arbeitsverhältnis stehen oder einen befristeten Arbeitsvertrag besitzen. Auch Arbeitnehmer, die durch eine Temporärfirma beschäftigt werden, haben keinen Anspruch auf Kurzarbeitsentschädigung. Ebenso ausgeschlossen sind Lehrlinge.
- Anspruch haben jedoch junge Leute, die die obligatorische Schulzeit abgeschlossen haben, aber noch nicht AHV-pflichtig sind.
- Es haben **alle** berechtigten Arbeitnehmer bereits vom ersten Tag an Anspruch auf Kurzarbeitsentschädigung – unabhängig davon, wie viele Beitragszahlungen an die ALV bisher geleistet wurden.

Es gilt dies für Saisonniers, neu eingereiste Jahresaufenthalter und auch Grenzgänger.

2.12.2 Was gilt NICHT als Kurzarbeit?

Es gibt einige Gründe, warum einer Firma die Kurzarbeitsentschädigung verweigert werden kann. Es sind dies Arbeitsausfälle,

- bei denen die Arbeitsplätze nicht erhalten bleiben,
- die nicht nur vorübergehend sind,
- wenn Maschinen gewartet werden, der Betrieb gereinigt wird usw.,
- die durch einen Feiertag oder Betriebsferien entstehen.

Die kantonale Amtsstelle kann im Zweifelsfall eine Betriebsanalyse durchführen.

2.12.3 Wer erhält die Entschädigung?

Die Entschädigung wird dem Arbeitgeber durch die Arbeitslosenkasse ausbezahlt. Dabei ist nicht entscheidend, ob die Personen im Einzelfall Anspruch auf Arbeitslosenentschädigung im herkömmlichen Sinn haben oder nicht. Sie müssen lediglich die Anforderungen an die Kurzarbeitsentschädigung (wie oben erwähnt) erfüllen.

Der Arbeitnehmer erhält somit seinen Lohn wie gehabt vom Arbeitgeber ausbezahlt.

2.12.4 Höhe der Entschädigung und Karenzfrist

Die Arbeitslosenversicherung bezahlt nach Ablauf einer Karenzfrist 80% des Verdienstausfalles an den Arbeitgeber.

Die Karenzfrist beträgt normalerweise zwei Tage in den ersten sechs Monaten und danach maximal drei Tage. Im Moment gilt jedoch aufgrund der Wirtschaftslage (starker Franken) bis Ende 2013 eine Karenzfrist von einem Tag. Die Karenzfrist wird jeweils vom Bundesrat festgelegt.

Bei der Berechnung des Verdienstausfalles dient der vertraglich vereinbarte Lohn vor Beginn der Kurzarbeit als Grundlage. Dazu zählen auch alle vertraglich vereinbarten regelmässigen Zulagen und die Ferienentschädigung.

2.12.5 Dauer der Entschädigung

Normalerweise gilt, dass innerhalb von zwei Jahren maximal zwölf Monate Kurzarbeitsentschädigung ausbezahlt werden.

Auch hier gilt noch bis Ende 2013 aufgrund des starken Frankens eine Sonderregelung von 18 Monaten, die der Bundesrat festgelegt hat.

Es obliegt dem Bundesrat, bei besonderen Härtefällen, Wirtschaftszweigen oder Regionen, die sehr stark von Kurzarbeit betroffen sind, die Dauer um sechs Monate zu erhöhen.

2.12.6 Anmeldung

Die Arbeitgeberfirma muss das Gesuch für Kurzarbeitsentschädigung in der Regel mindestens zehn Tage vor Beginn der Kurzarbeit schriftlich der kantonalen Amtsstelle melden.

Danach erhält die Firma Bescheid, ob das Gesuch gutgeheissen wurde. Wenn ja, muss die Firma ihren Anspruch bei der ausgewählten Arbeitslosenkasse geltend machen.

Das Formular für das Gesuch kann bei der Arbeitslosenkasse oder bei der kantonalen Amtsstelle bezogen werden.

2.12.7 Sozialversicherungsbeiträge

Was muss die Lohnadministration beachten, wenn sie Löhne ausbezahlt und Kurzarbeit besteht? Die Firma erhält 80% Entschädigung durch die Arbeitslosenkasse erstattet.

Die Abzüge für AHV, IV, EO und ALV, Familienausgleichskasse, BVG, Prämie der Unfallversicherung müssen weiterhin getätigt werden, und zwar auf 100% des Lohnes. Dies ist unbedingt zu beachten!

 Beispiel:

Ein Maschineningenieur verdient monatlich CHF 8200.– (= versicherter Verdienst).
Die Kurzarbeit im Betrieb beträgt 50%.

Normaler Bruttoverdienst	CHF	8200.–
– Kürzung des Bruttolohnes um 50%	CHF	4100.–
= reduzierter Bruttolohn	**CHF**	**4100.–**
+ Entschädigung der Arbeitslosenkasse 80% der verbleibenden 50%	**CHF**	**3280.–**
Bruttoverdienst während der Kurzarbeit	**CHF**	**7380.–**
– Abzug AHV, IV, EO und ALV 6,25% auf den normalen Bruttolohn von CHF 8200.–	CHF	512.50
– Abzug NBU-Versicherung 2% (Annahme) auf den normalen Bruttolohn von CHF 8200.–	CHF	164.–
– Abzug Pensionskasse (Annahme) wie bis anhin	CHF	420.–
Nettoverdienst während der Kurzarbeit	**CHF**	**6283.50**

2.13 Mitarbeiter mit Auslandseinsatz

Immer häufiger tritt der Fall ein, dass Mitarbeiter aus Firmen mit Sitz in der Schweiz in die EU oder andere Länder für Projekte entsandt werden. Oder aber auch umgekehrt, dass Schweizer Unternehmen ausländische Mitarbeiter für einen bestimmten Zeitraum benötigen.

Unter Kapitel 2.3.1.10 haben wir gesehen, wie ein Mitarbeiter, der für ein Schweizer Unternehmen ins Ausland geschickt wird, gegen Unfall versichert ist.

- Wie sieht es jedoch bei den anderen Sozialleistungen aus?
- Ist der Mitarbeiter im Ausland gedeckt, oder läuft alles weiterhin über die Schweiz?

Für die Lohnadministration ist es wichtig, die gängigsten Abkommen zu kennen, um bei den Mitarbeitern, die im Ausland arbeiten oder die aus dem Ausland gekommen sind, um hier zu arbeiten, die Abzüge korrekt vornehmen zu können.

Natürlich ist es auch für den jeweiligen Mitarbeiter interessant zu wissen, wie und wo was abgedeckt ist, damit ihm keine AHV-Lücken entstehen oder damit es keine Überraschungen im Falle einer Krankheit oder eines Unfalles gibt.

Um solche Lücken in der sozialen Sicherheit zu verhindern, hat die Schweiz verschiedene Abkommen abgeschlossen. Dies war auch nötig, um eine doppelte Beitragsbelastung der Mitarbeiter und auch der Unternehmen zu vermeiden.

Wir unterscheiden:

2.13.1 Mitarbeiter in der EU

Dieses Kapitel bezieht sich auf Mitarbeiter, die die Schweizer Staatsangehörigkeit besitzen, oder es handelt sich um einen Staatsangehörigen aus einem EU-Mitgliedsstaat, der von einem Unternehmen mit Sitz in der Schweiz in einen der Mitgliedsstaaten der EU entsandt wird (nicht gültig für Rumänien, Estland, Lettland, Litauen, Malta und Polen).

Wie sehen in diesem Fall die Sozialleistungen im Detail aus?

- Der entsandte Mitarbeiter unterliegt weiterhin während zwei Jahren in allen Bereichen den Sozialleistungen der Schweiz. Das heisst, der Arbeitgeber in der Schweiz und der Arbeitnehmer, der sich im Ausland befindet, bezahlen weiterhin wie gewohnt alle Sozialabzüge wie AHV, IV, EO, ALV hier in der Schweiz.
- Der/die Mitarbeiter/in erhält, sofern Kinder vorhanden sind, die Familienzulagen wie gewohnt. Ebenfalls unterliegt die gesamte nicht erwerbstätige Familie während dieser Zeit dem schweizerischen KVG (Krankenversicherungsgesetz).
- Der Arbeitgeber muss zusätzlich wie immer auch die Familienausgleichskassen-Beiträge bezahlen.
- Bei Selbstständigerwerbenden, die in mehreren Staaten arbeiten, ist die Situation wie folgt: Es müssen mindestens 25% der Arbeitstätigkeit im Wohnstaat (also hier in der Schweiz) erfolgen, damit sie auch weiterhin den schweizerischen Sozialleistungen unterstehen. Ansonsten müssen die Sozialleistungen dort einbezahlt werden, wo der Mittelpunkt der selbstständigen Tätigkeit ist.

Der Mitarbeiter, der vorübergehend in der EU/EFTA arbeitet, muss keinerlei Sozialabgaben im Ausland tätigen. Im Gegenzug hat er natürlich auch keinen Anspruch auf irgendwelche Leistungen des ausländischen Staats.

Reichen die 24 Monate nicht aus, kann eine Ausnahmebewilligung beantragt werden.

2.13.1.1 Anmeldung

Wichtig:

Der entsandte Mitarbeiter muss unmittelbar vor der Entsendung bereits während mindestens einem Monat Sozialversicherungsbeiträge in der Schweiz bezahlt haben.

1. Die Anmeldung erfolgt durch den Arbeitgeber. Dieser muss bei seiner zuständigen AHV-Ausgleichskasse vor der Entsendung einen Antrag auf Ausstellung einer Entsendungsbescheinigung ausfüllen.

2. Sobald dieser bei der AHV-Kasse eintrifft, wird er geprüft und danach die Bescheinigung A1 ausgestellt (für die EFTA ist es das Formular E 101).

   Es ist wichtig für den entsandten Mitarbeiter, dass er während der gesamten Zeit im Ausland im Besitz dieser Bescheinigung A1 ist und diese gegebenenfalls vorweisen kann.

Während dem gesamten Auslandsaufenthalt muss der Beweis erbracht werden können, dass der entsandte Mitarbeiter und das Unternehmen in der Schweiz in einem Arbeitsverhältnis stehen.

2.13.1.2 Schutz bei Krankheit, Mutterschaft und Unfall

Die Mitarbeiter – inklusive deren nicht erwerbstätigen Familienmitglieder, die sie begleiten – unterliegen während des gesamten Auslandsaufenthaltes den Bestimmungen der obligatorischen Kranken- und Unfallversicherungen in der Schweiz.

Achtung:

Es wird jedoch unterschieden zwischen:

2.13.1.2a Wohnsitz in der Schweiz

Geht der Mitarbeiter zwar ins Ausland, behält jedoch seinen Wohnsitz in der Schweiz (wo auch seine Familie weiterhin lebt) und pendelt somit zwischen der Schweiz und dem Ausland hin und her, ist die Situation wie folgt:

In diesem Fall wird die europäische Krankenversicherungskarte benötigt, um Anspruch auf eine medizinische Behandlung im Ausland zu erhalten. Sie gilt jedoch nur für Behandlungen, die unbedingt notwendig sind! Andere Behandlungen müssen demnach in der Schweiz erfolgen.

Diese Krankenversicherungskarte kann bei der zuständigen Krankenversicherung bezogen werden.

2.13.1.2b Wohnsitz im Beschäftigungsstaat

Wohnen und leben der Mitarbeiter und seine Familie jedoch während ihres Auslandsaufenthaltes in dem entsprechenden Land, benötigen sie die sogenannte **Bescheinigung S1** der schweizerischen Krankenversicherung. Mit dieser Bescheinigung meldet der Mitarbeiter sich und seine Familie nun bei der Krankenversicherung im ausländischen Wohnland an und wird dort als Leistungsberechtigter registriert.

Er hat damit – im Unterschied zu Punkt 2.13.1.2a – Anspruch auf sämtliche medizinischen Leistungen im ausländischen Staat.

Diese Regelung gilt ebenfalls für die nicht erwerbstätigen Familienmitglieder, die ihn begleiten.

2.13.2 Mitarbeiter aus der EU

Entsendet eine ausländische Firma mit Sitz in der EU/EFTA einen ihrer Mitarbeiter für zwei Jahre in die Schweiz, um zum Beispiel an einem Projekt in einer Tochterfirma teilzunehmen, gilt genau das Gleiche, nur eben umgekehrt.

Das heisst, der EU-Mitarbeiter unterliegt den schweizerischen Sozialleistungen nicht, und beide Parteien (das heisst sowohl der Mitarbeiter wie auch die Firma in der Schweiz) sind von der Beitragspflicht befreit.

Auch hier wird die Bescheinigung A1 (für die EFTA E 101) benötigt. Diese wird in dem Fall von der Firma in der EU beantragt, die den Mitarbeiter in die Schweiz schickt.

Achtung:

Diese A1-Bescheinigung muss verfügbar gehalten werden, falls die schweizerische AHV-Ausgleichskasse sie sehen möchte.

2.13.3 Entsendungsbescheinigung Antrag A1

Antrag auf Ausstellung einer Entsendungsbescheinigung

Antrag auf Ausstellung einer Bescheinigung über die Weitergeltung des schweizerischen Sozialversicherungsrechts während einer vorübergehenden Tätigkeit in einem Mitgliedstaat der EU (Bescheinigung A1) oder in einem Mitgliedstaat der EFTA (Formular E 101) oder in einem anderen Staat, mit dem die Schweiz ein Sozialversicherungsabkommen abgeschlossen hat. Einzureichen bei der zuständigen AHV-Ausgleichskasse.

1. Angaben zum Arbeitnehmer

Name(n): ....

Vorname(n): .....

Geburtsdatum: .... Staatsangehörigkeit: .. ..

Adresse: ....

.... Land: ....

AHV-Nummer: ....

Derzeit zuständige Pensionskasse (BVG): ....

Derzeit zuständiger Unfallversicherer (UVG): ....

Derzeit zuständiger Krankenversicherer (KVG): ..

2. Angaben zum Arbeitsverhältnis in der Schweiz

Arbeitgeber

Name: ....

Adresse: ....

....

Telefon: . e-mail:

Beginn des Arbeitsverhältnisses am:

Bei befristeten Arbeitsverträgen: Ende des Arbeitsverhältnisses am: .

Arbeitsort: .

3. Angaben zur vorübergehenden Tätigkeit im Ausland

Einsatzland: ....

Voraussichtliche Dauer: vom . .... bis ..

Einsatzbetrieb

Name: ....

Adresse: ....

....

Kennnummer des Einsatzbetriebs (z.B. Betriebsnummer): ....

War der Arbeitnehmer in den letzten 12 Monaten bereits im gleichen Staat eingesetzt? ja nein

Wenn ja:

von .... bis ....

Bitte Kopien der Entsendungsbescheinigungen für den betreffenden Zeitraum beilegen.

Während der Entsendung
- ist ausschliesslich der Arbeitgeber in der Schweiz, nicht jedoch der Einsatzbetrieb, befugt, das Arbeitsverhältnis mit dem Arbeitnehmer zu kündigen — ja / nein
- kann der Arbeitgeber in der Schweiz die Grundzüge der Tätigkeit am Einsatzort bestimmen — ja / nein
- wird der Lohn bezahlt vom — Einsatzbetrieb / Arbeitgeber in der Schweiz
- werden die Sozialversicherungsbeiträge bezahlt vom — Einsatzbetrieb / Arbeitgeber in der Schweiz

Bemerkungen:

....

Wir erklären, dass alle Angaben den tatsächlichen Verhältnissen entsprechen. Uns ist bekannt, dass sowohl in der Schweiz als auch im Einsatzland durch die zuständigen Stellen Kontrollen durchgeführt werden können und falsche Angaben in diesem Antrag zum Widerruf der Entsendungsbescheinigung und damit zur Anwendung der Rechtsvorschriften über soziale Sicherheit des Einsatzlandes führen können.

Der Arbeitgeber verpflichtet sich, die AHV-Ausgleichskasse umgehend zu informieren, wenn die Entsendung nicht erfolgt, der Einsatz abgebrochen oder für längere Zeit unterbrochen wird oder sich die im Antrag bestätigten Verhältnisse wesentlich ändern. Er stellt sicher, dass während der Entsendungsdauer auf dem gesamten in der Schweiz und im Einsatzland erzielten Lohn die Sozialversicherungsbeiträge in der Schweiz abgerechnet werden.

Der Arbeitnehmer	Der Arbeitgeber
Datum:	Datum: . ...
....	....
Unterschrift	Stempel und Unterschrift

2.13.4 Bescheinigung A1

Wird dem oben erwähnten Antrag stattgegeben, erhält die Firma die A1-Bescheinigung. Diese sieht wie folgt aus:

Koordinierung der Systeme der sozialen Sicherheit

A1

Bescheinigung über die Rechtsvorschriften der sozialen Sicherheit, die auf den/die Inhaber/in anzuwenden sind

Verordnungen (EG) Nr. 883/2004 und Nr. 987/2009 (*)

INFORMATIONEN FÜR DEN/DIE INHABER/IN

Dieses Dokument dient als Bescheinigung über die Sozialversicherungsvorschriften, die für Sie gelten, und als Bestätigung, dass Sie in einem anderen Staat keine Beiträge zu zahlen haben.
Bevor Sie den Staat, in dem Sie versichert sind, verlassen, um in einem anderen Staat eine Arbeit aufzunehmen, sollten Sie sicherstellen, dass Sie über die Dokumente verfügen, die Sie berechtigen, die notwendigen Sachleistungen (medizinische Versorgung, stationäre Behandlung usw.) im Staat Ihrer Erwerbstätigkeit zu erhalten.

- Wenn Sie sich im Staat Ihrer Erwerbstätigkeit vorübergehend aufhalten, beantragen Sie bei Ihrem Krankenversicherungsträger eine Europäische Krankenversicherungskarte (EKVK/EHIC). Sie müssen diese Karte bei Ihrem Gesundheitsdienstleister vorlegen, wenn Sie während Ihres Aufenthalts Sachleistungen in Anspruch nehmen müssen.
- Wenn Sie sich im Staat Ihrer Erwerbstätigkeit niederlassen, beantragen Sie bei Ihrem Krankenversicherungsträger das Formular S1 und übermitteln dieses schnellstmöglich dem zuständigen Krankenversicherungsträger des Ortes, an dem Sie Ihre Erwerbstätigkeit ausüben (**).

Der Versicherungsträger im Aufenthaltsstaat wird bei einem Arbeitsunfall oder einer Berufskrankheit vorläufig besondere Leistungen erbringen.

1. ANGABEN ZUR PERSON DES INHABERS/DER INHABERIN

☐ Weiblich ☐ Männlich

1.1 Persönliche Versichertennummer

1.2 Nachname

1.3 Vorname(n)

1.4 Geburtsname (***)

1.5 Geburtsdatum 1.6 Staatsangehörigkeit

1.7 Geburtsort

1.8 Anschrift im Wohnstaat

1.8.1 Straße, Nr. 1.8.3 Postleitzahl

1.8.2 Ort 1.8.4 Ländercode

1.9 Anschrift im Aufenthaltsstaat

1.9.1 Straße, Nr. 1.9.3 Postleitzahl

1.9.2 Ort 1.9.4 Ländercode

2. MITGLIEDSTAAT, DESSEN RECHTSVORSCHRIFTEN ANZUWENDEN SIND

2.1 Mitgliedstaat

2.2 Anfangsdatum 2.3 Enddatum

☐ 2.4 Die Bescheinigung gilt für die Dauer der Tätigkeit

☐ 2.5 Die Feststellung ist vorläufig

☐ 2.6 Die Verordnung (EWG) Nr. 1408/71 findet gemäß Artikel 87 Absatz 8 der Verordnung (EG) Nr. 883/2004 weiterhin Anwendung

(*) Verordnung (EG) Nr. 883/2004, Artikel 11 bis 16, und Verordnung (EG) Nr. 987/2009, Artikel 19.
(**) In Spanien muss das entsprechende Dokument der Provinzialdirektion der staatlichen Sozialversicherungsanstalt (INSS) des Wohnorts und in Schweden sowie Portugal dem jeweiligen Sozialversicherungsträger des Wohnorts übermittelt werden.
(***) Liegen dem Träger hierzu keine Angaben vor, informiert der/die Inhaber/in diesen entsprechend.

1/3

A1

Koordinierung der Systeme der sozialen Sicherheit

Bescheinigung über die Rechtsvorschriften der sozialen Sicherheit, die auf den/die Inhaber/in anzuwenden sind

3. STATUSBESTÄTIGUNG

- ☐ 3.1 Entsandte/r Arbeitnehmer/in
- ☐ 3.2 Arbeitnehmer/in arbeitet in zwei oder mehr Staaten
- ☐ 3.3 Entsandte selbständig erwerbstätige Person
- ☐ 3.4 Selbstständige/r arbeitet in zwei oder mehr Staaten
- ☐ 3.5 Beamter/Beamtin
- ☐ 3.6 Vertragsbedienstete
- ☐ 3.7 Zum Kreis der Seeleute gehörig
- ☐ 3.8 Tätigkeit als beschäftigte und selbstständig erwerbstätige Person in unterschiedlichen Ländern
- ☐ 3.9 Tätigkeit als Beamter/Beamtin in einem Land und als beschäftigte/selbstständig erwerbstätige Person in einem oder mehreren anderen Ländern
- ☐ 3.10 Ausnahmevereinbarung

4. ANGABEN ZUM ARBEITGEBER/ZUR SELBSTSTÄNDIGEN ERWERBSTÄTIGKEIT IN DEM STAAT, DESSEN RECHTSVORSCHRIFTEN ANGEWANDT WERDEN

- ☐ 4.1.1 Arbeitnehmer/-in
- ☐ 4.1.2 Selbstständig erwerbstätig

4.2 Kenn-Nummer des Arbeitgebers/der selbstständigen Erwerbstätigkeit

4.3 Name oder Firmenbezeichnung

4.4 Ständige Anschrift

4.4.1 Straße, Nr.

4.4.2 Ländercode

4.4.3 Ort

4.4.4 Postleitzahl

5. ANGABEN ZUM ARBEITGEBER/ZUR SELBSTSTÄNDIGEN ERWERBSTÄTIGKEIT IM ANDEREN MITGLIEDSTAAT/ IN DEN ANDEREN MITGLIEDSTAATEN

5.1 Name(n) oder Firmenbezeichnung(en) und Kenn-Nummer(n) des Betriebs/der Betriebe oder des Schiffs/der Schiffe, wo Sie beschäftigt sein werden

5.2 Anschrift(en) oder Name(n) des Schiffs/der Schiffe, wo Sie im/in den Beschäftigungsstaat/en (selbstständig) erwerbstätig sein werden

☐ 5.3 Oder: Keine feste Anschrift im/in den Staat/en der (selbstständigen) Erwerbstätigkeit

2/3

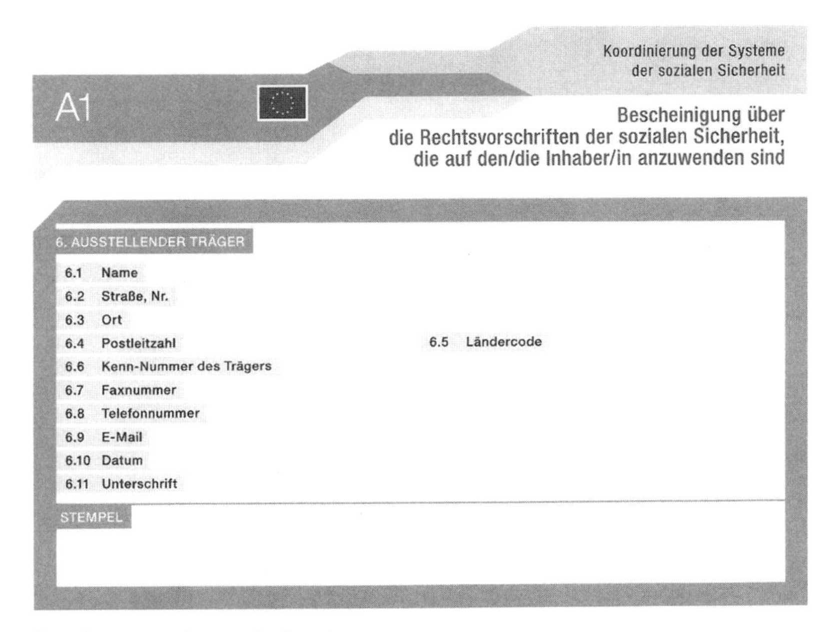
A1

Koordinierung der Systeme
der sozialen Sicherheit

Bescheinigung über
die Rechtsvorschriften der sozialen Sicherheit,
die auf den/die Inhaber/in anzuwenden sind

6. AUSSTELLENDER TRÄGER

6.1 Name
6.2 Straße, Nr.
6.3 Ort
6.4 Postleitzahl 6.5 Ländercode
6.6 Kenn-Nummer des Trägers
6.7 Faxnummer
6.8 Telefonnummer
6.9 E-Mail
6.10 Datum
6.11 Unterschrift

STEMPEL

Quelle: www.bsv.admin.ch

2.13.5 Mitarbeiter ausserhalb der EU/EFTA mit Abkommen

- In dieses Kapitel fallen alle Länder, mit denen die Schweiz ein Abkommen hat, wie zum Beispiel:
  Australien, Chile, Indien, Kanada, Mazedonien, Montenegro, Serbien, Kroatien, Türkei, Philippinen, USA, Israel.
- Dies gilt aber auch für Mitarbeiter, die **weder** die schweizerische Staatsangehörigkeit **noch** die eines EU-Staates besitzen und in ein EU-Land entsendet werden (Ausnahmen Rumänien, Estland, Lettland, Litauen, Polen, Malta).
- Ebenfalls fallen unter dieses Kapitel Mitarbeiter, die nach Norwegen oder Liechtenstein entsendet werden, jedoch **keinen** Schweizer Pass und auch nicht die Staatsangehörigkeit eines der beiden Länder besitzen.

Der Unterschied zum vorherigen Kapitel ist die Entsendungsdauer. Diese darf je nach Land 12 bis 60 Monate nicht überschreiten (Verlängerung auf Gesuch hin möglich), damit der Mitarbeiter weiterhin den sozialen Sicherheiten der Schweiz untersteht.

Wie sehen die Sozialleistungen in diesem Fall im Detail aus?

Es ist zu beachten, dass der Mitarbeiter ausschliesslich in dem Staat, in den er entsendet wird, arbeiten darf, um komplett den Schweizer Sozialleistungen zu unterstehen.

Achtung – doppelte Erfassung:

- Arbeitet der Mitarbeiter gleichzeitig zum Beispiel in Australien und der Schweiz an einem Projekt, so müssen Sozialleistungen in beiden Ländern bezahlt werden. Das heisst, für das Einkommen in der Schweiz und auch für das in Australien erzielte Einkommen müssen jeweils die Sozialleistungen in den entsprechenden Ländern bezahlt werden. Es besteht demnach eine doppelte Erfassung.
- Arbeitet der Mitarbeiter für ein Projekt jedoch ausschliesslich für die ausländische Firma, ist aber nachwievor bei der Schweizer Firma angestellt, unterliegt er weiterhin in allen Bereichen den Sozialleistungen der Schweiz. Beide Parteien bezahlen somit weiter wie gewohnt ihre AHV-, IV-, EO- und ALV-Beiträge und BVG hier in der Schweiz.
- Der Mitarbeiter erhält, sofern Kinder vorhanden sind, die Familienzulagen.
- Ebenfalls unterliegt die gesamte nicht erwerbstätige Familie dem schweizerischen KVG (Krankenversicherungsgesetz).

2.13.5.1 Anmeldung

Auch hier muss der Arbeitgeber den Antrag auf eine Entsendungsbescheinigung stellen.

Auf der Homepage www.bsv.admin.ch/vollzug/documents/index/category:128/lang:deu des BSV sind die entsprechenden Formulare erhältlich.

Um diese zu erhalten, muss der Mitarbeiter unmittelbar vor der Entsendung bereits in der Schweiz versichert gewesen sein. Der Arbeitgeber muss zusätzlich noch bestätigen, dass er den Mitarbeiter auch nach Beendigung des Auslandsaufenthaltes weiter beschäftigen wird.

2.13.5.2 Schutz der Familienangehörigen

Während der ganzen Zeit bleiben nicht erwerbstätige Familienangehörige weiterhin in der Schweiz krankenversichert.

Sieht das Abkommen davon ab, dass die nicht erwerbstätigen Familienmitglieder automatisch in der AHV, IV mitversichert sind, so kann eine freiwillige Versicherung abgeschlossen werden. Diese Familienmitglieder müssen jedoch während mindestens fünf Jahren vor der Entsendung in der AHV, IV versichert gewesen sein und den Schweizer Pass beziehungsweise die Staatsbürgerschaft der EU, von Island, Liechtenstein oder Norwegen besitzen.

2.13.6 Mitarbeiter aus einem dieser Staaten in der Schweiz

Im umgekehrten Fall, wenn eine Firma aus einem dieser Staaten einen Mitarbeiter in die Schweiz entsendet, gelten dieselben Regeln, nur umgekehrt.

Das heisst, der EU-Mitarbeiter muss keine Sozialleistungen in der Schweiz bezahlen und beide Parteien sind somit von der Beitragspflicht befreit.

Achtung – Unfallversicherung:

Der Mitarbeiter ist jedoch im ersten Jahr, in dem er in der Schweiz arbeitet, nicht gegen Unfall versichert. Dies ist auch der Fall, wenn er im Ausland keine Unfallversicherung hat. Es empfiehlt sich, diese Deckung unbedingt mit dem Ausland abzuklären, damit es im Falle eines Unfalles keine bösen Überraschungen gibt.

Die A1-Bescheinigung beantragt in diesem Fall die ausländische Firma, die den Mitarbeiter in die Schweiz entsendet.

Diese A1-Bescheinigung muss verfügbar gehalten werden, falls die schweizerische AHV-Ausgleichskasse diese sehen möchte.

2.13.7 Mitarbeiter im Ausland ohne Abkommen

Dies gilt für Mitarbeiter, welche in folgende Staaten entsendet werden:

- Für alle Staaten, mit denen die Schweiz **kein** Abkommen hat, wie zum Beispiel asiatische Länder, Afrika und Südamerika.
- Dies gilt aber auch für Mitarbeiter, die nach Rumänien, Estland, Lettland, Litauen, Polen, Malta entsendet werden, sofern diese weder den Schweizer Pass noch die Staatsangehörigkeit eines dieser Länder besitzen.
- Ebenfalls fallen unter dieses Kapitel Mitarbeiter, die nach Island entsendet werden, jedoch **keinen** Schweizer Pass und auch nicht die isländische, norwegische oder liechtensteinische Staatsangehörigkeit besitzen.

Wie sehen die Sozialleistungen in diesem Fall im Detail aus?

Gemäss dem Abkommen unterstehen diese Mitarbeiter grundsätzlich den Sozialleistungen des ausländischen Staates. Oft ist es jedoch so, dass der Mitarbeiter dort zwar Sozialabgaben tätigen muss, diese Länder jedoch sehr zurückhaltend sind, was Leistungen gegenüber Ausländern betrifft. Das heisst, der Mitarbeiter bezahlt zwar diese Abgaben, erhält jedoch (unter Umständen) keine oder nur ungenügende Leistungen dafür.

Diese Situation ist natürlich unbefriedigend für den entsandten Mitarbeiter. Damit er trotzdem genügend abgesichert ist, hat die Schweiz intern ein paar Absicherungen getroffen:

- Falls der Mitarbeiter (egal welche Staatsbürgerschaft er besitzt) unmittelbar vor der Entsendung während mindestens fünf Jahren für ein Schweizer Unternehmen tätig war, kann bei der Ausgleichskasse ein Gesuch gestellt werden, damit der Mitarbeiter während weiteren fünf Jahren der AHV, IV, EO und ALV untersteht.
- Die Unfallversicherung kann während zwei Jahren in der Schweiz abgeschlossen werden.
- Ebenfalls während zwei Jahren läuft die Krankenversicherung weiter (jedoch nur die Grundversicherung).
- Sofern die AHV-Beiträge weiter bezahlt werden, besteht auch der Anspruch auf die Familienzulagen. Diese werden jedoch der Kaufkraft des entsprechenden Landes angepasst.

Diese Absicherungen der Schweiz sind, wie erwähnt, nur intern und haben keinen Einfluss auf das Ausland. Es besteht deshalb also durchaus die Möglichkeit, dass der entsandte Mitarbeiter im Ausland ebenfalls Sozialleistungsabgaben bezahlen muss. In dem Fall kommt es zu einer Doppelversicherung, was natürlich für den Mitarbeiter hohe Lohnabzüge bedeutet.

2.13.7.1 Schutz der Familienangehörigen

Auch die nicht erwerbstätigen Familienmitglieder können diesen freiwilligen Versicherungen beitreten. Die gleichen Regeln betreffend die Krankenversicherung gelten auch für die Familienangehörigen.

2.13.8 Mitarbeiter in der Schweiz ohne Vertragsabkommen

Wird im umgekehrten Fall ein Mitarbeiter zum Beispiel von Malaysia in die Schweiz entsandt, muss dieser Mitarbeiter hier in der Schweiz ganz normal alle Sozialleistungen bezahlen, egal ob er bereits im Heimatstaat Sozialabgaben tätigen muss.

Es kann unter diesen Umständen also durchaus zu einer Doppelbelastung kommen. Da es damit zu hohen Lohnabzügen für den Mitarbeiter kommen kann, kann die Situation eintreffen, dass diese hohen Abzüge vom Einkommen unzumutbar werden. In diesem Fall kann ein Gesuch gestellt werden, um sich von den Schweizer Sozialleistungen zu befreien.

Dies gilt auch für die Krankenversicherung. Es muss jedoch zwingend ein Versicherungsschutz für Behandlungen in der Schweiz bestehen.

Achtung – Unfallversicherung:

Der Mitarbeiter ist im ersten Jahr in der Schweiz nicht gegen Unfall versichert, auch wenn er keine Unfallversicherung in seinem Heimatstaat hat. Es empfiehlt sich demnach dringend, diese Deckung mit dem ausländischen Staat abzuklären, damit der Mitarbeiter dort eine Unfallversicherung abschliesst, die Behandlungen in der Schweiz mit einschliesst.

2.13.8.1 Schutz der Familienangehörigen

Die gleichen Regeln der obligatorischen Versicherung beziehungsweise der Befreiung davon gilt auch für alle nicht erwerbstätigen Familienangehörigen des Mitarbeiters.

2.13.9 Quellensteuer für entsandte Mitarbeiter

Im Kapitel 3 gehen wir genauer auf die Quellensteuer ein. Hier wollen wir jedoch den Bereich Quellensteuer speziell für entsandte Mitarbeiter anschauen.

Entscheidend für die Quellensteuerpflicht ist die «faktische Arbeitgeberschaft». Was heisst das konkret?

2.13.9.1 Faktische Arbeitgeberschaft

1. Ausgangslage: Entsendung eines Mitarbeiters aus der Schweiz nach Deutschland

Nehmen wir an, dass ein Mitarbeiter aus der Schweiz für fünf Monate in die Tochterfirma Deutschland entsandt wird, um an einem Forschungsprojekt mitzuwirken. Oft erhält der Mitarbeiter in so einem Fall den Lohn weiterhin aus der Schweiz. Das Mutterhaus verrechnet der Tochterfirma in Deutschland meistens einen Pauschalbetrag für den Einsatz ihres Mitarbeiters. In manchen Fällen wird der Lohn auch 1:1 der Tochterfirma weiterverrechnet.

Arbeitet dieser Mitarbeiter in den fünf Monaten ausschliesslich für diese Tochterfirma in Deutschland und verzichtet der ursprüngliche Arbeitgeber hier in der Schweiz während dieser Zeit vollständig auf die Arbeitsleistung des Mitarbeiters zugunsten der Tochterfirma in Deutschland, ist eine faktische Arbeitgeberschaft gegeben.

Gemäss OECD-Musterabkommen gilt als faktische Arbeitgeberschaft diejenige Partei, die in dieser Zeit der Entsendung das Recht auf die Arbeitsleistung des Mitarbeiters hat und während dieser Zeit auch die Verantwortung und das Risiko für den Mitarbeiter trägt. In unserem Fall wäre die deutsche Tochtergesellschaft für diese Zeit auch weisungsberechtigt, was heisst, dass der Mitarbeiter sich den internen Regeln und Ordnungen anpassen und auch Weisungen des dortigen Abteilungsleiters entgegennehmen muss.

Die faktische Arbeitgeberschaft besteht in unserem Fall also, und somit wird der entsandte Mitarbeiter quellensteuerpflichtig.

2. Ausgangslage: Entsendung eines Mitarbeiters von Deutschland in die Schweiz

Die Tochterfirma in Deutschland entsendet einen Mitarbeiter in die Schweiz. Auch hier wird zuerst die faktische Arbeitgeberschaft überprüft. Dies allerdings erst bei einer Entsendung von mehr als 90 Tagen.

Wichtig für die Lohnadministration ist zu wissen, dass, wenn der Fall eintritt, dass der Mitarbeiter zwar ursprünglich einen Auftrag für 60 Tage hier in der Schweiz bekommen hat, danach aber dieser Auftrag zum Beispiel um weitere 80 Tage verlängert wird, die Quellensteuerpflicht rückwirkend ab dem ersten Arbeitstag in der Schweiz besteht.

Sind von Anfang an zum Beispiel 120 Tage geplant, wird der Mitarbeiter ebenfalls ab dem ersten Tag quellensteuerpflichtig.

2.13.9.2 Berechnungsgrundlage

Als Berechnungsbasis wird der Bruttolohn genommen, den er im zweiten Fall von seiner deutschen Arbeitgeberfirma erhält. Berücksichtigt für die Quellensteuer werden die effektiven Arbeitstage in der Schweiz.

2.13.9.3 Keine faktische Arbeitgeberschaft

Der Vollständigkeit halber wollen wir kurz noch zwei Beispiele aufführen, in denen keine faktische Arbeitgeberschaft gegeben ist (somit auch keine Quellensteuerpflicht für den Arbeitnehmer):

1. Die Gärtnerei Immergrün aus Kreuzlingen (CH) erhält einen Grossauftrag für eine Parksanierung durch die Stadt Stuttgart (DE) und entsendet vier Mitarbeiter für vier Monate nach Deutschland.

2. Eine Grossbank in Zürich stellt einen Wirtschaftsprüfer ein. Zu dessen Aufgaben gehört es, bei diversen Tochtergesellschaften weltweit einige Male pro Jahr Kontrollen in der Buchhaltung durchzuführen. Der Wirtschaftsprüfer ist dabei jeweils rund 2 bis 3 Wochen in der jeweiligen Tochterfirma und insgesamt während des Jahres ungefähr sechs Monate im Ausland unterwegs.

3 Quellensteuer

3.1 Gesetzliche Grundlage der Quellensteuer

Seit dem 1. Januar 1993 gibt es das Bundesgesetz über die Harmonisierung der direkten Steuern der Kantone und Gemeinden, und am 1. Januar 1995 kam das Bundesgesetz über die Harmonisierung der direkten Bundessteuer dazu.

Die Steuersätze sind jedoch in der Schweiz nicht einheitlich. Jeder Kanton kann diese selbst bestimmen.

Warum gibt es die Quellensteuer?
Zwei Hauptgründe stechen hervor:

- Zum einen stellt die Erhebung der Quellensteuer eine Sicherheit für die Steuerbehörde dar. Dadurch, dass die Steuer direkt vom Lohn abgezogen wird, hat die Steuerbehörde eine grössere Sicherheit, das Geld zu erhalten.

- Auch wird als Grund genannt, dass ein ausländischer Arbeitnehmer, der neu in der Schweiz arbeitet, oft Mühe mit der Steuererklärung oder der Sprache hat und deshalb die Erhebung der Quellensteuer einfacher und praktischer für ihn (und den Staat) ist.

3.2 Was ist die Quellensteuer?

Die Quellensteuer ist eine Steuer, die nicht direkt vom Steuerpflichtigen selbst bezahlt wird, sondern vom Arbeitgeber oder Auftraggeber. Es wird – wie es der Name schon sagt – «an der Quelle» direkt besteuert.

Das heisst, diese Steuer zieht der Arbeitgeber oder Auftraggeber direkt vom Honorar oder Lohn ab und überweist den Betrag dem Staat.

Die Quellensteuer umfasst in der Regel die Staats- und Gemeindesteuer, die direkte Bundessteuer sowie auch die Kirchensteuer.

Es gibt diverse Doppelbesteuerungsabkommen im Fall der Quellensteuern. Diese betreffen unter anderem Grenzgänger und generell Personen mit Wohnsitz im Ausland, und diese müssen unbedingt immer beachtet werden.

3.3 Quellensteuerarten

Für uns in der Lohnadministration sind die nachfolgenden zwei Arten von Quellensteuern interessant. Es wird unterschieden zwischen der Quellensteuer:

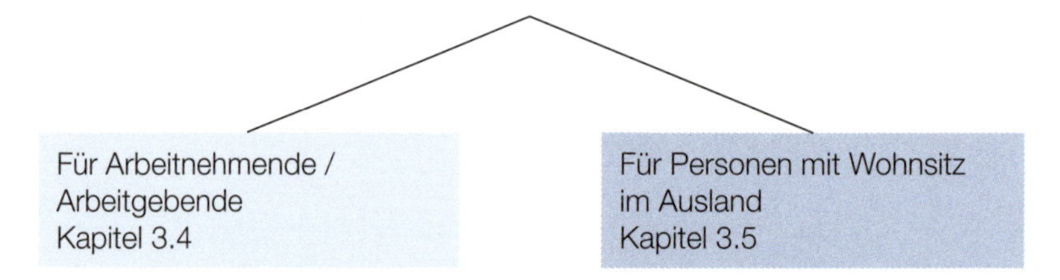

3.4 Quellensteuer für Arbeitnehmer/Arbeitgeber

Seitdem das bilaterale Abkommen über die Personenfreizügigkeit in Kraft ist (1. Juni 2002), kommen immer mehr Arbeitnehmer aus dem Ausland in die Schweiz, ohne als Personen mit Wohnsitz im Ausland zu gelten. Für uns in der Lohnadministration ist daher die erste Art der Quellensteuer die, mit der wir es am meisten zu tun haben, und die, die für uns am relevantesten ist. Wir behandeln hier somit hauptsächlich diese Steuer.

Diese Art Quellensteuer betrifft sowohl Arbeitnehmer, die in der Schweiz wohnen und arbeiten, jedoch keine Aufenthaltsbewilligung

C besitzen, wie auch solche Arbeitnehmer, die in der Schweiz arbeiten, jedoch ihren Wohnsitz im Ausland behalten (siehe Kapitel 3.4.2).

3.4.1 Pflichten des Arbeitgebers

Wichtig für die Lohn- beziehungsweise Personaladministration ist es zu wissen, dass sie quellensteuerpflichtige Arbeitnehmer innert acht Tagen nach Stellenantritt der zuständigen Steuerbehörde melden muss.

Für Grenzgänger gibt es zusätzlich noch spezielle Vorschriften zu beachten.

Hat ein Arbeitgeber einen Mitarbeiter aus der EU/EFTA nur für eine kurze Zeit eingestellt (maximal 90 Tage), kann er diesen seit dem 1. Januar 2004 mittels eines «Meldeverfahrens für kurzfristige Erwerbstätigkeit» anmelden.

3.4.2 Welche Arbeitnehmer sind quellensteuerpflichtig?

Stellt eine Firma in der Schweiz einen Mitarbeiter ein, müssen, was die Quellensteuerpflicht betrifft, folgende Punkte beachtet werden:

1. Ausländische Arbeitnehmer mit **Wohnsitz in der Schweiz,** die weder die Niederlassungsbewilligung C besitzen noch mit Personen verheiratet sind, die die Niederlassungsbewilligung C oder das Schweizer Bürgerrecht haben, sind quellensteuerpflichtig.

2. Arbeitnehmer mit **Wohnsitz im Ausland,** die als Grenzgänger beziehungsweise Wochenaufenthalter in der Schweiz einer Erwerbstätigkeit nachgehen oder im internationalen Verkehr bei

einer schweizerischen Unternehmung angestellt sind, werden ebenfalls quellensteuerpflichtig (siehe nachfolgendes Kapitel Sonderfall Grenzgänger).

Bei diesen Mitarbeitern muss die Lohnadministration die Quellensteuer vom Lohn (oder Ersatzeinkommen) abziehen und die geschuldete Steuer periodisch (in der Regel monatlich) mit dem jeweiligen Kanton abrechnen.

3.4.3 Sonderfall Grenzgänger

Grundsätzlich wird ein Grenzgänger, der hier arbeitet und im nahen Ausland lebt, quellensteuerpflichtig. Für die Grenzgänger gilt ein sogenannter Pauschalsatz. Dieser beträgt zurzeit maximal 4,5% für die Länder Deutschland und Frankreich.

Das Ganze ist jedoch sehr komplex, da zwischen dem Bund und den Kantonen teilweise bilaterale Verträge mit den ausländischen Staaten bestehen.

So kann es durchaus sein, dass ein Arbeitnehmer in gewissen Kantonen in der Schweiz sogar ganz von der Quellensteuerpflicht befreit ist und die Person ausschliesslich an ihrem Wohnort besteuert wird.

Ich möchte hier auf die häufigsten Grenzgänger aus Frankreich, Deutschland, Italien und Österreich eingehen:

- Deutschland:
  - Der Arbeitgeber in der Schweiz zieht dem Arbeitnehmer max. 4,5% Quellensteuer in der Lohnabrechnung ab.
  - Die Steuer, die in der Schweiz erhoben wurde, wird dem Arbeitnehmer an die Steuer, die er in Deutschland bezahlen muss, angerechnet.

- Frankreich:
  - Diverse Kantone erheben keine Quellensteuer (BE, BL, BS, JU, NE, SO, VD, VS), dafür überweist Frankreich 4,5% der Bruttogehälter des jeweiligen Arbeitnehmers an den Kanton in der Schweiz, wo er arbeitet.
  - Für die meisten anderen Kantone gilt, dass der Arbeitgeber die Quellensteuer nach den Tarifen A bis D erhebt. Der Arbeitnehmer erhält dann in Frankreich eine Steuergutschrift, die dem Betrag entspricht, der nach französischem Tarif erhoben werden würde.

- Italien:
  - Normale Besteuerung nach den Tarifen A bis D durch den Arbeitgeber. Dafür bezahlt der Arbeitnehmer an seinem Wohnort in Italien keine Einkommenssteuer.
  - Die Kantone Tessin, Graubünden und Wallis überweisen im Gegenzug 40% der Quellensteuer, der dem Arbeitnehmer hier abgezogen wurde, dem italienischen Staat.

- Österreich:
  - Auch hier erhebt der Arbeitgeber ganz normal die Quellensteuer nach den Tarifen A bis D, und die Schweiz überweist danach 12,5% des Steuerbetrages an den österreichischen Staat.

3.4.4 Welche Leistungen sind quellensteuerpflichtig?

Alle Bruttoeinnahmen aus unselbstständigem Erwerb sind quellensteuerpflichtig. Dabei ist zu beachten, dass die Quellensteuer auf den **gesamten** Bruttobetrag erhoben wird. Das heisst, zu dem normalen vertraglich vereinbarten Erwerbseinkommen werden alle zusätzlichen Zulagen wie Kindergeld, Provisionen, Familienzulagen, Gratifikationen usw. dazuaddiert. Davon wird danach die Quellensteuer erhoben.

Ebenfalls quellensteuerpflichtig sind alle Arten von Ersatzeinkommen wie Arbeitslosengelder, Krankentaggelder, IV-Renten, Unfalltaggelder sowie auch Mutterschaftsentschädigungen.

Unter Kapitel 3.4.6 gehen wir ausführlich darauf ein und schauen eine Lohnabrechnung mit Quellensteuer im Detail an.

Abzüge:

Was jedoch in der Quellensteuer nicht berücksichtigt wird, sind individuelle Abzüge wie zum Beispiel Schuldzinsen oder die private Vorsorge der Säule 3a.

Das heisst, die Quellensteuer wird vom Einkommen erhoben, ohne dass zuerst noch allfällige Schuldzinsen abgezogen werden.

3.4.5 Welche Tarife gibt es?

Die Quellensteuer wird in verschiedene Tarife aufgeteilt. Dabei unterscheiden wir zwischen verheirateten und alleinstehenden Personen, mit oder ohne Kinder, Kirchensteuer (diese wird in der Quellensteuer auch berücksichtigt) und Allein- oder Doppelverdienern.

Es gibt folgende Tarifgruppen:

A = Monatstarif für alleinstehende Steuerpflichtige
B = Monatstarif für Verheiratete
C = Monatstarif für Doppelverdiener
D = Monatstarif im Nebenerwerb
G = Monatstarif für Grenzgänger
S = vereinfachtes Verfahren zur Bekämpfung der Schwarzarbeit

Die Tarife sind beim jeweiligen kantonalen Steueramt ersichtlich.

Wichtig – zuständiges Steueramt:

- Zuständig für die Tarifmitteilung bei Grenzgängern ist das Steueramt, wo sich der Sitz des Arbeitgebers befindet.
- Bei den anderen Personen ist es das Steueramt des Wohnsitzes oder Aufenthaltsorts des quellensteuerpflichtigen Arbeitnehmers.

3.4.6 Lohnabrechnung mit Quellensteuer

Was unterliegt der Quellensteuer?

Die Quellensteuer wird jeden Monat vom ordentlichen Monatslohn abgezogen. Dabei ist der effektive monatliche Bruttolohn massgebend, bevor irgendwelche Sozialabzüge wie AHV, IV, BVG usw. oder sonstige Abzüge getätigt werden.

Was heisst effektiver Bruttolohn?

Das heisst, zum vereinbarten vertraglichen Monatslohn werden sämtliche Zuschläge addiert. Diese Zuschläge können sein:

- Kinderzulagen, Pauschalspesen, Zulagen wie Akkord-, Überzeit- und Ferienentschädigungen, Trinkgelder, Dienstaltersgeschenke, Leistungen des Arbeitgebers, wie Weg- und Verpflegungsentschädigung, Prämien für Kranken- und Unfallversicherung (ausser Kollektivvertrag).

Da Zuschläge jeden Monat variieren können, muss die Quellensteuer auch jeden Monat neu berechnet werden.

Von diesem effektiven Bruttolohn wird nun die Quellensteuer abgezogen.

Weitere Lohnzahlungen:

Wird dem Arbeitnehmer ein 13. Monatslohn, Bonus oder eine Gratifikation ausbezahlt, unterstehen diese Zahlungen ebenfalls der Quellensteuer.

Auch **Verwaltungsratshonorare** unterliegen der Quellensteuer. Aber Achtung: Auch für Verwaltungsräte, die im Ausland leben, gibt es Pauschalsätze. Im Kanton Zürich liegt dieser im Moment bei 25%. Als Vergleich: Den günstigsten Satz bietet zurzeit der Kanton Obwalden mit 15%.

Wie sieht eine Lohnabrechnung mit Quellensteuer in der Praxis aus?

 Beispiel:

Ein verheirateter Mann im Kanton Zürich, Doppelverdiener ohne Kinder, erhält im Monat Dezember seine Lohnabrechnung. Diese enthält seinen vertraglich vereinbarten Bruttolohn von CHF 6500.– zuzüglich des 13. Monatslohns in derselben Höhe. Er hat im Dezember keine weiteren Zulagen zu verzeichnen.

Sein massgebender Monatslohn für die Quellensteuer beträgt somit im Dezember CHF 13 000.–.

Der anwendbare Tarif wäre hier «C 0» für Doppelverdiener ohne Kinder. Die 0 steht für keine Kinder. Entscheidend für die Tarifwahl ist ebenfalls die Kirchensteuer. Wir nehmen in unserem Beispiel an, dass er die Kirchensteuer bezahlen muss (siehe die Tarifauszüge C im Kapitel 3.8).

In unserem Beispiel würde er im Kanton Zürich im Monat Dezember einen Quellensteuerbetrag bezahlen müssen über:

CHF 1548.–
oder
11,93% von CHF 13 000.– = CHF 1550.90

3.4.7 Ein- und Austrittsmonate

Beginnt oder endet ein Arbeitsverhältnis mitten im Monat, dann wird der Quellensteuerbetrag anteilsmässig (pro rata) berechnet, jedoch vom **ordentlichen** Monatslohn.

Was heisst das genau?

 Beispiel

Ein Arbeitnehmer im Kanton Zürich (Alleinverdiener, verheiratet, ein Kind, ohne Kirchensteuer) hat einen Lohn von CHF 5400.– vertraglich vereinbart. Er tritt am 6. August der Firma bei und verdient in diesem Monat einen entsprechend reduzierten Monatslohn von rund CHF 4500.– brutto.

Der anwendbare Quellensteuertarif ist jedoch auf den normalen Monatslohn zu beziehen. In unserem Beispiel wären das die CHF 5400.–.

Wie wird dies berechnet?

1. Zuerst werden von den 30 Tagen die fünf Tage abgezogen, da er erst am 6. August die Arbeit aufnimmt = 25 Tage.

2. Nun wird der normale Monatslohn berechnet:
   CHF 4500.– : 25 Tage x 30 Tage = CHF 5400.–

3. Wir wenden das Tarifblatt B1 ohne Kirchensteuer im Kapitel 3.9 an. In der Spalte 5351–5400 finden wir unter B1 den anwendbaren Tarif von 1,92% für CHF 5400.–.
   Der Tarif wird zwar für CHF 5400.– angewendet (= 1,92%), jedoch wird die Quellensteuer auf die CHF 4500.– abgerechnet.

   CHF 4500.– x 1,92% = CHF 86.40 Quellensteuer

3.4.8 Bezugsprovision

In der Quellensteuerabrechnung darf der Arbeitgeber 4% von der gesamten geschuldeten Quellensteuer für sich gutschreiben. Dies ist eine Gutschrift für den entstandenen administrativen Aufwand, der ihm durch die Abrechnung entsteht.

Wie sieht dies in der Praxis aus?

 Beispiel:

Im oben erwähnten Beispiel schuldet der Arbeitgeber dem Steueramt CHF 86.40 Quellensteuer. Davon darf er nun 4% Bezugsprovision abziehen:

Total Quellensteuer	= CHF	86.40
– 4% Bezugsprovision	= CHF	3.45
Abzuliefernder Betrag	**= CHF**	**82.95**

3.4.9 Korrektur oder Zurückforderung von Quellensteuer

Es gibt immer wieder Situationen, in welchen es zu einer Rückforderung von bereits bezahlten Quellensteuern kommen kann. Dies ist der Fall, wenn es zu einer Tarifänderung gekommen ist. Eine Tarifänderung kann eintreffen aufgrund von:

- Weiterbildungskosten
- Krankheits- und Unfallkosten
- Alimentenzahlungen, Unterhaltszahlungen
- Kinderbetreuungskosten
- Einkäufen fehlender Beitragsjahre in die BVG (2. Säule)
- Beiträgen an die Säule 3a usw.

Der Arbeitgeber muss den Antrag auf Steuerrückerstattung mittels eines speziellen Formulares bis Ende März des Folgejahres anbringen. Die speziellen Formulare sind beim zuständigen Steueramt auch online erhältlich.

Der zurückerhaltene Steuerbetrag muss dem Arbeitnehmer zurückbezahlt werden. Man kann auch das Steueramt beauftragen, den Betrag direkt dem Arbeitnehmer auszubezahlen.

3.4.10 Abrechnung Quellensteuer

Die Quellensteuern werden grundsätzlich zu dem Zeitpunkt fällig, wo eine Lohnauszahlung erfolgt.

Der Schuldner, das heisst in unserem Fall der Arbeitgeber, ist verpflichtet, die Quellensteuerabrechnung auf dem kantonalen Abrechnungsformular zu erstellen.

Für einen Arbeitgeber, der weniger als zehn quellensteuerpflichtige Arbeitnehmer hat, besteht die Möglichkeit, die Abrechnung nur alle drei Monate vorzunehmen. Ansonsten muss er dies innert einem Monat erledigen.

Es ist wichtig, diese Steuern pünktlich zu bezahlen. Der Arbeitgeber erhält bei Verzug zwar eine Mahnung, diese beinhaltet jedoch gleichzeitig eine Verfügung über die geschuldete Steuer. Es kommt zu einem Verzugszins.

Wichtig:

Bezahlt ein Arbeitgeber die Quellensteuer absichtlich nicht oder handelt er fahrlässig, wird er der Steuerhinterziehung beschuldigt, was eine Straftat ist. Dies kann von Bussen bis hin zu Gefängnis (bei Veruntreuung) führen, wobei Quellensteuer und Verzugszins trotzdem noch fällig werden.

3.4.11 Fallbeispiele

(Lösungen S. 179/180)

Fallbeispiel 10

Erstellen Sie für alle Fallbeispiele die Lohnabrechnungen unter der Annahme: NBU 1% / KTG 1,5%.

Herr Lautenschlager ist österreichischer Staatsangehöriger und Finanzchef einer Handelsfirma in Wetzikon ZH. Er hat einen Bruttolohn von CHF 13 000.– zuzüglich Pauschalspesen von monatlich CHF 400.–, die vom Steueramt akzeptiert werden. Der BVG-Arbeitnehmerbeitrag beträgt pro Monat CHF 900.–.

Seine Ehefrau ist ebenfalls berufstätig. Die beiden Kinder sind 14- und 19-jährig und sind noch in der Schule beziehungsweise Ausbildung. Herr Lautenschlager war im März noch krank gemeldet, und der Arbeitgeber erhält nun im Mai das Krankentaggeld von CHF 4500.– überwiesen. Erstellen Sie die Lohnabrechnung für den Mai unter Berücksichtigung der Quellensteuer mit Kirchensteuer.

Fallbeispiel 11

Herr Nasrim, irakischer Staatsbürger, arbeitet bei einer Möbelfirma im Kanton Zürich. Er hat einen Stundenlohn von CHF 24.50 zuzüglich der gesetzlichen Ferienentschädigung. Im Juli hat er 198 Stunden gearbeitet. Seine Ehefrau ist nicht berufstätig und betreut die drei gemeinsamen Kinder (2- bis 10-jährig). Der provisorische BVG-Abzug beträgt CHF 300.–.

Erstellen Sie die Lohnabrechnung unter Berücksichtigung der Quellensteuer ohne Kirchensteuer, da Herr Nasrim Moslem ist.

Fallbeispiel 12

Frau Soleil, alleinstehend, wohnt in Eguisheim (F) und arbeitet als Speditionssachbearbeiterin in Rheinfelden AG. Sie ist Grenzgängerin und fährt somit jeden Abend nach Hause. Sie verdient brutto CHF 5500.–, der BVG-Abzug beträgt monatlich CHF 350.–.

a) Erstellen Sie die Lohnabrechnung
b) Hat Frau Soleil einen Steuervorteil durch ihre Arbeit in Basel?

3.5 Quellensteuer für Personen mit Wohnsitz im Ausland

Auch dieses Kapitel kann für die eine oder andere Lohnadministration oder den einen oder anderen Arbeitgeber von Interesse und Bedeutung sein.

Zuerst möchten wir anschauen, wen diese Art von Quellensteuer eigentlich betrifft. Es sind dies:

- Künstler, Sportler, Referenten, die eine Gage aus einer Veranstaltung beziehungsweise aus einem Auftritt in der Schweiz erhalten. Denken wir da zum Beispiel an das WEF, ausländische Dozenten an einer Hochschule oder die Leichtathletik-Meetings in Zürich und Lausanne.

- Mitglieder des Verwaltungsrates oder Geschäftsführer einer juristischen Person mit Sitz in der Schweiz, die ein Verwaltungsratshonorar, Sitzungsgelder oder Tantiemen beziehen.
- Renten oder Kapitalleistungen von Vorsorgeeinrichtungen mit Sitz in der Schweiz.
- Personen, die Zinsen erhalten, die durch Liegenschaften in der Schweiz grundpfandrechtlich gesichert sind.

Merkmal:

Alle diese quellensteuerpflichtigen Personen müssen ihren Wohnsitz im Ausland haben.

Der Arbeitgeber, Auftraggeber oder der Firmensitz, der das Kapital, die Rente, das Honorar, Preisgeld usw. ausbezahlt, befindet sich jedoch in der Schweiz.

3.5.1 Berechnung der Quellensteuer

Bei dieser Art der Quellensteuer handelt es sich um eine sogenannte beschränkte Steuerpflicht. Beschränkt deshalb, weil die Quellensteuer nur auf das Honorar, Einkommen, die Gage erhoben wird, die der Künstler, Sportler, Verwaltungsrat hier in der Schweiz erzielt hat, und nicht auf sein gesamtes Einkommen.

- Bei Künstlern, Sportlern und Referenten gibt es Pauschalsteuern. Im Kanton Zürich lauten diese im Moment:

– Bei Tageseinkünften bis CHF 200.–	10,8%
– Bei Tageseinkünften von CHF 201.– bis 1000.–	12,4%
– Bei Tageseinkünften von CHF 1001.– bis 3000.–	15%
– Bei Tageseinkünften über CHF 3000.–	17%

- Bei Verwaltungsräten beträgt die Pauschalsteuer im Kanton Zürich 2013 25% der Bruttoleistung. Beträgt diese Leistung weniger als CHF 300.– pro Kalenderjahr, ist der Schuldner (Arbeitgeber, Auftraggeber) von der Abgabe der Quellensteuer befreit.

  Steuerbar sind Tantiemen, Sitzungsgelder, feste Entschädigungen und andere Vergütungen, die im Rahmen des Verwaltungsratsauftrages entrichtet wurden.

Achtung:

Nicht steuerbar sind hingegen Reise- und Übernachtungsspesen (belegspflichtig!).

3.5.2 Schuldner der Quellensteuer

Der Veranstalter eines Sportanlasses oder des WEF, die juristische Person, die dem Verwaltungsrat das Honorar ausbezahlt, oder die Vorsorgeeinrichtung, die dem Quellensteuerpflichtigen das Kapital ausbezahlt, sind verpflichtet, dem Empfänger des Honorares, der Gage, des Preisgeldes usw. die Quellensteuer direkt abzuziehen.

Sie sind es auch, die direkt mit dem Gemeindesteueramt am Sitz der Veranstaltung abrechnen müssen.

Die Steuer wird fällig zum Zeitpunkt der Auszahlung, Überweisung oder Gutschrift der steuerbaren Leistung. Sie muss innert 30 Tagen nach Beginn des darauffolgenden Monats überwiesen werden, sonst droht ein Verzugszins.

3.5.3 Doppelbesteuerungsabkommen (DBA)

Die Schweiz hat mit vielen Staaten ein Doppelbesteuerungsabkommen abgeschlossen. Diese Abkommen (völkerrechtliche Verträge) sind dazu da, dass eine steuerpflichtige Person nicht in zwei Staaten besteuert wird.

Aufgrund der geltenden Doppelbesteuerungsabkommen ist deshalb unbedingt abzuklären, ob der Künstler, Referent, Sportler usw. in einem Staat lebt, mit dem die Schweiz ein Abkommen unterzeichnet hat oder nicht, und was dies für die Erhebung der Steuer bedeutet.

Trotz diesen DBAs haben die meisten Staaten ein Abkommen unterzeichnet, welches das Besteuerungsrecht dem Auftrittsstaat zugesteht. Das bedeutet also, dass der Ort, an dem der Künstler, Sportler usw. seinen Auftritt hat, entscheidend ist für die Erhebung der Quellensteuer.

 Beispiel:

Die Hochschule St. Gallen verpflichtet im Rahmen einer Vorlesung einen Gastdozenten aus Deutschland, der ein Referat über Betriebswirtschaft hält. Der Dozent erhält eine Tagesgage von CHF 2500.–.

Die Hochschule St. Gallen muss bei der Abrechnung der Gage die Quellensteuer abziehen und diesen Betrag mit dem zuständigen Steueramt abrechnen und dort abliefern.

Wichtig:

Besteht kein Doppelbesteuerungsabkommen, wird die Quellensteuer sowieso beim Auftrittsort fällig.

3.5.4 Auskünfte zur Abrechnung

Auskünfte zu allen erwähnten Quellensteuerabrechnungen erteilt das jeweilige kantonale Steueramt, Dienststelle Quellensteuer.

3.6 Formular Quellensteuer ausländische Arbeitnehmer

Abrechnung über die Quellensteuern ausländischer Arbeitnehmer/Versicherungsnehmer

Arbeitgeber-Nr. ____________________

Firma/Name/Adresse ____________________

Vertreter/Pächter ____________________

Sachbearbeiter ____________________

Telefon ____________________

Abrechnungsperiode vom ________ bis ________

Kantonales Steueramt Zürich
Dienstabteilung Quellensteuer
Bändliweg 21
Postfach
8090 Zürich

AHV-Nummer (alte und allenfalls neue AHV-Nummer)	Name und Vorname der quellensteuerpflichtigen Person	Steueranspruchsberechtigt: Wohnsitzgemeinde	Kanton	Mutations-Daten E = Eintritt (Datum) A = Austritt (Datum)	Bruttolohn während der Abrechnungsperiode (inkl. Zulagen und Naturalleistungen)	T[1]	K[2]	Quellensteuer Fr.

[1] T = Angewandter Tarif (A, B, C, D oder G einsetzen).
[2] K = Anzahl Kinder.

Total oder Übertrag	
abzüglich 4% Bezugsprovision	-
ablieferungspflichtiger Betrag	
Ferner sind in Abzug zu bringen	
allfällig geleistete Teilzahlungen	-
eine allfällige Gutschriftsanzeige	-
Restbetrag	

Ort und Datum ____________________

Die Richtigkeit und Vollständigkeit bescheinigt:

Einzahlung erst auf Rechnung; Einzahlungsschein folgt

____
(Stempel und Unterschrift)

www.steueramt.zh.ch

StA eForm. Q 101a 06.08

3.7 Formular Quellensteuer von Verwaltungsräten

Abrechnung über die Quellensteuern von Verwaltungsrats-Entschädigungen
An Personen mit Wohnsitz im Ausland

Register-Nr. ____________

Firma/Name ____________
Adresse ____________

Sachbearbeiter ____________
Telefon ____________

Abrechnungsperiode vom ______ bis ______

Gemeindesteueramt

Name, Vorname und Adresse der quellensteuerpflichtigen Person	Mutations-Daten B = Beginn E = Ende	Steuerbare Leistung (inkl. Zulagen) Fr.	Steuer-satz %	Quellensteuer Fr.

Total oder Übertrag
abzüglich 4% Bezugsprovision
ablieferungspflichtiger Betrag

Ort und Datum ____________

Die Richtigkeit und Vollständigkeit bescheinigt:

____
(Stempel und Unterschrift)

Diese Abrechnung ist bis Ende des Auszahlungsmonats der Entschädigung dem Gemeindesteueramt, in welchem die Gesellschaft Sitz oder Betriebsstätte hat, einzureichen und bis Ende des darauffolgenden Monats zu bezahlen.

www.steueramt.zh.ch

StA eForm. Q 4 4.03

3.8 Quellensteuer Tarif C Kanton Zürich 1. Januar 2013

Gültig ab 1. Januar 2013

Monatliche Steuer Tarif C

Tarifstufe	C		C0		C1		C2		C3		C4	
Bruttolohn pro Monat Fr.	Erwerbstätige Ehefrau		**Mit Kirchensteuer** Erwerbstätiger Ehemann mit Unterhaltsleistungen gegenüber ... Kindern bzw. erwerbsunfähigen Personen									
			0		1		2		3		4	
	Fr.	%	Fr.	%	Fr.	%	Fr.	%	Fr.	%	Fr.	%
12001– 12050	1486	12.36	1334	11.09	1094	9.10	875	7.28	664	5.52	458	3.81
12051– 12100	1498	12.41	1345	11.14	1105	9.15	884	7.32	673	5.57	467	3.87
12101– 12150	1510	12.45	1355	11.18	1115	9.20	893	7.36	681	5.62	475	3.92
12151– 12200	1521	12.49	1367	11.23	1126	9.25	903	7.42	690	5.67	484	3.98
12201– 12250	1534	12.55	1377	11.26	1136	9.29	912	7.46	699	5.72	492	4.02
12251– 12300	1546	12.59	1388	11.31	1146	9.34	920	7.49	708	5.77	501	4.08
12301– 12350	1557	12.63	1399	11.35	1156	9.38	929	7.54	716	5.81	509	4.13
12351– 12400	1569	12.68	1411	11.40	1167	9.43	939	7.59	726	5.87	518	4.19
12401– 12450	1580	12.72	1422	11.44	1177	9.47	948	7.63	735	5.92	526	4.23
12451– 12500	1593	12.77	1432	11.48	1188	9.52	956	7.66	743	5.96	534	4.28
12501– 12550	1605	12.81	1444	11.53	1199	9.57	966	7.71	752	6.00	543	4.34
12551– 12600	1616	12.85	1456	11.58	1210	9.62	976	7.76	762	6.06	552	4.39
12601– 12650	1628	12.90	1466	11.61	1220	9.66	985	7.80	770	6.10	560	4.44
12651– 12700	1641	12.95	1478	11.66	1231	9.71	994	7.84	779	6.15	569	4.49
12701– 12750	1652	12.98	1489	11.70	1241	9.75	1003	7.88	788	6.19	577	4.53
12751– 12800	1664	13.03	1500	11.74	1252	9.80	1012	7.92	796	6.23	585	4.58
12801– 12850	1676	13.07	1513	11.80	1264	9.86	1023	7.98	806	6.28	594	4.63
12851– 12900	1689	13.12	1525	11.84	1274	9.90	1033	8.02	815	6.33	602	4.68
12901– 12950	1700	13.15	1536	11.88	1284	9.93	1042	8.06	823	6.37	611	4.73
12951– 13000	1712	13.19	1548	11.93	1295	9.98	1053	8.12	832	6.41	619	4.77
13001– 13050	1724	13.24	1561	11.98	1307	10.03	1063	8.16	841	6.46	629	4.83
13051– 13100	1736	13.28	1573	12.03	1317	10.07	1073	8.21	850	6.50	637	4.87
13101– 13150	1749	13.33	1586	12.08	1328	10.12	1084	8.26	859	6.54	646	4.92
13151– 13200	1760	13.36	1598	12.13	1339	10.16	1094	8.30	868	6.59	654	4.96
13201– 13250	1772	13.40	1611	12.18	1351	10.22	1105	8.36	878	6.64	664	5.02
13251– 13300	1785	13.45	1623	12.23	1362	10.26	1116	8.41	887	6.68	673	5.07
13301– 13350	1797	13.49	1635	12.27	1373	10.30	1126	8.45	896	6.72	681	5.11
13351– 13400	1808	13.52	1647	12.31	1384	10.35	1136	8.49	905	6.77	689	5.15
13401– 13450	1821	13.56	1660	12.36	1396	10.40	1148	8.55	915	6.82	699	5.21
13451– 13500	1834	13.61	1673	12.42	1408	10.45	1158	8.59	924	6.86	708	5.25
13501– 13550	1845	13.64	1685	12.46	1419	10.49	1168	8.64	933	6.90	716	5.29
13551– 13600	1858	13.69	1697	12.50	1430	10.53	1179	8.69	942	6.94	725	5.34
13601– 13650	1869	13.72	1710	12.55	1444	10.60	1191	8.74	952	6.99	735	5.39
13651– 13700	1882	13.76	1722	12.59	1455	10.64	1201	8.78	961	7.03	743	5.43
13701– 13750	1894	13.80	1734	12.63	1467	10.69	1212	8.83	970	7.07	752	5.48
13751– 13800	1906	13.84	1747	12.68	1480	10.74	1223	8.88	979	7.11	761	5.52
13801– 13850	1918	13.87	1760	12.73	1493	10.80	1235	8.93	990	7.16	771	5.58
13851– 13900	1931	13.92	1772	12.77	1505	10.85	1246	8.98	1001	7.21	780	5.62
13901– 13950	1944	13.96	1785	12.82	1518	10.90	1257	9.03	1012	7.27	789	5.67
13951– 14000	1956	14.00	1797	12.86	1530	10.95	1268	9.07	1022	7.31	798	5.71
14001– 14050	1969	14.04	1810	12.91	1543	11.00	1280	9.13	1033	7.37	808	5.76
14051– 14100	1982	14.08	1823	12.95	1556	11.06	1292	9.18	1044	7.42	818	5.81
14101– 14150	1996	14.13	1835	12.99	1568	11.10	1303	9.22	1054	7.46	827	5.85
14151– 14200	2008	14.17	1847	13.03	1580	11.15	1315	9.28	1065	7.51	836	5.90
14201– 14250	2021	14.21	1860	13.08	1593	11.20	1327	9.33	1076	7.56	845	5.94

16

3.9 Quellensteuer Tarif B Kanton Zürich 1. Januar 2013

Gültig ab 1. Januar 2013

Monatliche Steuer Tarif B

Tarifstufe	B0		B1		B2		B3		B4		B5	
Bruttolohn pro Monat Fr.	Verheiratete sowie andere, die mit Kindern zusammenleben		**Ohne Kirchensteuer** mit Unterhaltsleistungen gegenüber ... Kindern bzw. erwerbsunfähigen Personen									
	0		1		2		3		4		5	
	Fr.	%	Fr.	%	Fr.	%	Fr.	%	Fr.	%	Fr.	%
5251– 5300	188	3.56	95	1.80	34	0.64	4	0.08	4	0.08	4	0.08
5301– 5350	194	3.64	99	1.86	37	0.69	4	0.08	4	0.08	4	0.08
5351– 5400	199	3.70	103	1.92	39	0.73	4	0.07	4	0.07	4	0.07
5401– 5450	203	3.74	106	1.95	42	0.77	4	0.07	4	0.07	4	0.07
5451– 5500	208	3.80	110	2.01	45	0.82	4	0.07	4	0.07	4	0.07
5501– 5550	213	3.86	113	2.05	47	0.85	4	0.07	4	0.07	4	0.07
5551– 5600	218	3.91	117	2.10	50	0.90	6	0.11	4	0.07	4	0.07
5601– 5650	223	3.96	120	2.13	53	0.94	7	0.12	4	0.07	4	0.07
5651– 5700	227	4.00	124	2.19	55	0.97	9	0.16	4	0.07	4	0.07
5701– 5750	233	4.07	128	2.24	58	1.01	11	0.19	4	0.07	4	0.07
5751– 5800	238	4.12	131	2.27	61	1.06	13	0.23	4	0.07	4	0.07
5801– 5850	243	4.17	136	2.33	64	1.10	15	0.26	4	0.07	4	0.07
5851– 5900	247	4.20	139	2.37	66	1.12	16	0.27	4	0.07	4	0.07
5901– 5950	253	4.27	144	2.43	69	1.16	18	0.30	4	0.07	4	0.07
5951– 6000	258	4.32	147	2.46	72	1.21	19	0.32	4	0.07	4	0.07
6001– 6050	263	4.37	151	2.51	75	1.24	21	0.35	4	0.07	4	0.07
6051– 6100	269	4.43	156	2.57	79	1.30	23	0.38	4	0.07	4	0.07
6101– 6150	274	4.47	159	2.60	82	1.34	24	0.39	4	0.07	4	0.07
6151– 6200	280	4.53	164	2.66	85	1.38	26	0.42	4	0.06	4	0.06
6201– 6250	285	4.58	167	2.68	88	1.41	28	0.45	4	0.06	4	0.06
6251– 6300	291	4.64	171	2.73	92	1.47	31	0.49	4	0.06	4	0.06
6301– 6350	296	4.68	175	2.77	94	1.49	33	0.52	4	0.06	4	0.06
6351– 6400	302	4.74	179	2.81	98	1.54	36	0.56	4	0.06	4	0.06
6401– 6450	307	4.78	183	2.85	101	1.57	38	0.59	4	0.06	4	0.06
6451– 6500	314	4.85	187	2.89	104	1.61	40	0.62	4	0.06	4	0.06
6501– 6550	319	4.89	191	2.93	107	1.64	43	0.66	4	0.06	4	0.06
6551– 6600	325	4.94	195	2.97	110	1.67	45	0.68	4	0.06	4	0.06
6601– 6650	330	4.98	199	3.00	113	1.71	47	0.71	4	0.06	4	0.06
6651– 6700	336	5.03	203	3.04	117	1.75	50	0.75	6	0.09	4	0.06
6701– 6750	341	5.07	206	3.06	120	1.78	52	0.77	7	0.10	4	0.06
6751– 6800	347	5.12	211	3.11	123	1.82	55	0.81	9	0.13	4	0.06
6801– 6850	352	5.16	214	3.14	126	1.85	57	0.84	10	0.15	4	0.06
6851– 6900	359	5.22	219	3.19	129	1.88	59	0.86	12	0.17	4	0.06
6901– 6950	364	5.26	223	3.22	132	1.91	61	0.88	13	0.19	4	0.06
6951– 7000	370	5.30	228	3.27	137	1.96	64	0.92	15	0.22	4	0.06
7001– 7050	377	5.37	234	3.33	141	2.01	67	0.95	17	0.24	4	0.06
7051– 7100	382	5.40	239	3.38	144	2.04	70	0.99	18	0.25	4	0.06
7101– 7150	389	5.46	245	3.44	149	2.09	73	1.02	20	0.28	4	0.06
7151– 7200	394	5.49	250	3.48	152	2.12	76	1.06	22	0.31	4	0.06
7201– 7250	401	5.55	256	3.54	157	2.17	80	1.11	23	0.32	4	0.06
7251– 7300	406	5.58	261	3.59	160	2.20	82	1.13	25	0.34	4	0.05
7301– 7350	413	5.64	268	3.66	165	2.25	86	1.17	27	0.37	4	0.05
7351– 7400	419	5.68	273	3.70	168	2.28	89	1.21	29	0.39	4	0.05
7401– 7450	426	5.74	279	3.76	172	2.32	92	1.24	32	0.43	4	0.05
7451– 7500	432	5.78	284	3.80	176	2.35	95	1.27	34	0.45	4	0.05

11

4 Lohnausweis

Der neue Lohnausweis ist seit 2007 im Einsatz und muss zwingend angewendet werden.

A **Lohnausweis – Certificat de salaire – Certificato di salario**

B **Rentenbescheinigung – Attestation de rentes – Attestazione delle rendite**

C AHV-Nr. – No AVS – N. AVS Neue AHV-Nr. – Nouveau No AVS – Nuovo N. AVS

F Unentgeltliche Beförderung zwischen Wohn- und Arbeitsort / Transport gratuit entre le domicile et le lieu de travail / Trasporto gratuito dal domicilio al luogo di lavoro

D Jahr – Année – Anno

E von – du – dal bis – au – al

G Kantinenverpflegung / Lunch-Checks / Repas à la cantine / chèques-repas / Pasti alla mensa / buoni pasto

H

1. Lohn soweit nicht unter Ziffer 2–7 aufzuführen / Rente — Salaire qui ne concerne pas les chiffres 2 à 7 ci-dessous / Rente — Salario se non da indicare sotto cifre da 2 a 7 più sotto / Rendita — CHF
2. Gehaltsnebenleistungen / Prestations salariales accessoires / Prestazioni accessorie al salario
   - 2.1 Verpflegung, Unterkunft – Pension, logement – Vitto, alloggio +
   - 2.2 Privatanteil Geschäftswagen – Part privée voiture de service – Quota privata automobile di servizio +
   - 2.3 Andere – Autres – Altre (Art – Genre – Genere) +
3. Unregelmässige Leistungen – Prestations non périodiques – Prestazioni aperiodiche (Art – Genre – Genere) +
4. Kapitalleistungen – Prestations en capital – Prestazioni in capitale (Art – Genre – Genere) +
5. Beteiligungsrechte gemäss Beiblatt – Droits de participation selon annexe – Diritti di partecipazione secondo allegato +
6. Verwaltungsratsentschädigungen – Indemnités des membres de l'administration – Indennità dei membri di consigli d'amministrazione +
7. Andere Leistungen – Autres prestations – Altre prestazioni (Art – Genre – Genere) +
8. Bruttolohn total / Rente – Salaire brut total / Rente – Salario lordo totale / Rendita =
9. Beiträge AHV/IV/EO/ALV/NBUV – Cotisations AVS/AI/APG/AC/AANP – Contributi AVS/AI/IPG/AD/AINP –
10. Berufliche Vorsorge 2. Säule / Prévoyance professionnelle 2e pilier / Previdenza professionale 2° pilastro
    - 10.1 Ordentliche Beiträge – Cotisations ordinaires – Contributi ordinari –
    - 10.2 Beiträge für den Einkauf – Cotisations pour le rachat – Contributi per il riscatto –
11. **Nettolohn / Rente – Salaire net / Rente – Salario netto / Rendita** ➡ =
    In die Steuererklärung übertragen – A reporter sur la déclaration d'impôt – Da riportare nella dichiarazione d'imposta
12. Quellensteuerabzug – Retenue de l'impôt à la source – Ritenuta d'imposta alla fonte
13. Spesenvergütungen – Allocations pour frais – Indennità per spese
    Nicht im Bruttolohn (gemäss Ziffer 8) enthalten – Non comprises dans le salaire brut (au chiffre 8) – Non comprese nel salario lordo (sotto cifra 8)
    - 13.1 Effektive Spesen / Frais effectifs / Spese effettive
      - 13.1.1 Reise, Verpflegung, Übernachtung – Voyage, repas, nuitées – Viaggio, vitto, alloggio
      - 13.1.2 Übrige – Autres – Altre (Art – Genre – Genere)
    - 13.2 Pauschalspesen / Frais forfaitaires / Spese forfettarie
      - 13.2.1 Repräsentation – Représentation – Rappresentanza
      - 13.2.2 Auto – Voiture – Automobile
      - 13.2.3 Übrige – Autres – Altre (Art – Genre – Genere)
    - 13.3 Beiträge an die Weiterbildung – Contributions au perfectionnement – Contributi per il perfezionamento
14. Weitere Gehaltsnebenleistungen / Autres prestations salariales accessoires / Altre prestazioni accessorie al salario — Art / Genre / Genere
15. Bemerkungen / Observations / Osservazioni

I Ort und Datum – Lieu et date – Luogo e data

Die Richtigkeit und Vollständigkeit bestätigt
inkl. genauer Anschrift und Telefonnummer des Arbeitgebers
Certifié exact et complet
y.c. adresse et numéro de téléphone exacts de l'employeur
Certificato esatto e completo
compresi indirizzo e numero di telefono esatti del datore di lavoro

605.040.18 Form. 11 (25.8.2006)

Für das Ausfüllen des neuen Lohnausweises gibt es eine Unmenge von Anleitungen. Wir nehmen hier nur kurz ein paar der wichtigsten Punkte durch:

Ziffer 1:
Hier müssen alle Leistungen des Arbeitgebers deklariert werden. Das heisst das ausbezahlte Salär sowie alle vom Arbeitgeber bezahlten Taggelder aus Versicherungsleistungen wie IV-, Kranken-, Unfall- und/oder Mutterschaftsentschädigungen. Auch Zulagen und Provisionen sowie Barbeiträge an die Verpflegung.

Ziffer 2.2:
Übernimmt der Arbeitgeber die Kosten für das Geschäftsauto und kann der Arbeitnehmer dieses auch privat benützen, muss ein Privatanteil unter dieser Ziffer deklariert werden.

Dieser beträgt pro Monat 0,8% des Kaufpreises (inkl. MWST), mindestens jedoch CHF 150.– pro Monat.

Bei Leasingfahrzeugen nimmt man den Barkaufpreis des Fahrzeuges (exkl. MWST) als Berechnungsgrundlage.

Ziffer 3:
Diese Ziffer betrifft nur Arbeitsverhältnisse, die weniger als ein Jahr gedauert haben. Hier müssen unregelmässige Leistungen wie Bonuszahlungen oder Treueprämien deklariert werden.

Bei Arbeitsverhältnissen, die das ganze Jahr über gedauert haben, müssen solche Zahlungen unter Ziffer 1 eingetragen werden.

Ziffer 4:
Hier müssen unter anderem auch allfällig bezahlte Abgangsentschädigungen deklariert werden.

Ziffer 5:
Diese Ziffer betrifft Mitarbeiterbeteiligungen wie Aktien oder Optionen.

Ziffer 6:
Verwaltungsratsentschädigungen, Sitzungsgelder und Tantiemen gehören unter diese Ziffer eingetragen.

Ziffer 7:
Alle Leistungen, die nicht unter den Ziffern 1 bis 6 oder 14 eingetragen wurden, gehören hier hin. Es können dies Beiträge an die Quellensteuer sein, die der Arbeitgeber übernommen hat, oder auch Beiträge des Arbeitgebers an Versicherungen (nicht aber Beiträge an die UVG oder Kollektivkrankentaggeldversicherung).

Ziffer 9:
Hier werden die Arbeitnehmerbeiträge an die AHV, IV, EO, ALV und NBUV eingetragen.

Ziffer 10:
Arbeitnehmerbeiträge an die 2. Säule (BVG) und allfällige Einkäufe des Mitarbeiters in die 2. Säule.

Ziffer 12:
Hier sind die Quellensteuerbeiträge aufzuführen (Totalbetrag), die dem Arbeitnehmer in Abzug gebracht wurden.

Ziffer 13.1.1:
Sofern kein genehmigtes Spesenreglement vorhanden ist, müssen hier die effektiven Spesen, die einem Arbeitnehmer für Reisen, Verpflegungen und Übernachtungen entstanden sind, aufgeführt werden.

Ziffer 13.3:
Kosten für typische Weiterbildungen wie Computerkurse oder mehrtägige Seminare müssen hier nicht aufgeführt werden. Vergütet der Arbeitgeber jedoch sonstige Weiterbildungen seiner Mitarbeiter, müssen die Kosten hier aufgeführt werden. Es gibt Arbeitgeber, die eine vertragliche Vereinbarung mit einem Ausbildungsinstitut abgeschlossen haben, da sie immer wieder ihre Angestellten dorthin zur Weiterbildung schicken. Diese Kosten müssen in diesem Fall nur aufgeführt werden, falls sie für einen Arbeitgeber den Betrag von CHF 12 000.– pro Jahr erreichen beziehungsweise übersteigen.

Ziffer 14:
Unter dieser Ziffer werden andere Gehaltsnebenleistungen aufgeführt. Dies können Waren oder Dienstleistungen des Arbeitgebers sein, die der Arbeitnehmer gratis oder sehr günstig beziehen konnte (unter dem Einkaufspreis).

Ziffer 15:
Kommt zum Tragen, falls ein pauschales Spesenreglement vorhanden ist oder falls mehrere Lohnausweise desselben Arbeitgebers vorliegen. Hier kann auch eingetragen werden, zu wie viel Prozent der Arbeitnehmer angestellt ist.

5 Lösungen zu den Selbsttests

Fall 1; Seite 42

Bruttolohn		CHF	6000.–
– AHV, IV, EO	5,15% von 6000.–	CHF	309.–
– ALV	1,1% von 6000.–	CHF	66.–
– NBU	2% von 6000.–	CHF	120.–
– KTG	1% von 6000.–	CHF	60.–
Nettolohn		**CHF**	**5445.–**

Fall 2; Seite 43

a)	Bruttolohn	CHF	5400.–
	+ netto CH 1300.–*	CHF	1386.65
AHV-pflichtiger Bruttolohn		**CHF**	**6786.65**

* Netto 1300.– = 93,75% (100% – 5,15% AHV, 1,1% ALV)
1300.– : 93,75% x 100 = 1386.65 Bruttoferienlohn

b) Es wäre kein Unterschied. Naturallohn ist gleich wie Geld abzurechnen.

Fall 3; Seite 43

Gewinn	CHF	90 000.–
AHV-Beiträge a conto bezahlt	CHF	9 000.–
Zins auf Eigenkapital	(nicht berücksichtigt)	
Bruttolohn AHV-pflichtig	**CHF**	**99 000.–**

AHV-Beiträge 9,7% von 99 000.–	CHF	9 603.–
+ Verwaltungskosten 2% (Annahme) von 9603.–	CHF	192.05
AHV-Beitrag brutto	**CHF**	**9 795.05**
– Akontozahlung	CHF	9 000.–
Nachzahlung	**CHF**	**795.05**

Die definitive AHV-Abrechnung erfolgt immer erst nach der definitiven Steuerveranlagung. Die Meldung geht vom Steueramt ebenfalls an die Ausgleichskasse der AHV.

Fall 4; Seite 44

Der Verwaltungsrat/Inhaber haftet persönlich für die Ablieferung, das heisst, er wird betrieben bis hin zur strafrechtlichen Verfolgung (Veruntreuung, ungerechtfertigte Bereicherung).

Fall 5; Seite 44

Die Aktiven (beitragspflichtige Bevölkerung) bezahlen für die Pensionierten. Die jeweiligen Beiträge/Gutschriften erfolgen auf das individuelle Konto.
Das System nennt man Umlageverfahren.

Fall 6; Seite 50

		Monatslohn	13. Monatslohn
Bruttolohn		CHF 11 500.–	CHF 11 500.–
+ Spesen		CHF 300.–	–
– AHV, IV, EO	5,15% von 11 500.–	CHF 592.25	CHF 592.25
– ALV	1,1% von 10 500.–	CHF 115.50	–
– ALV-Zusatz	0,5% von 1000.– bzw. von 11 500.–	CHF 5.–	CHF 57.50*
– NBU	2% von 10 500.–	CHF 210.–	–
– KTG	1% von 11 500.–	CHF 115.–	CHF 115.–
– BVG	fix auf 12 Monate	CHF 450.–	–
Nettolohn		**CHF 10 312.25**	**CHF 10 735.25**

* Es müssen nur 0,5% ALV von CHF 11 500.– bezahlt werden, da die reguläre ALV von 1,1% bis zu maximal CHF 126 000.– bezahlt werden muss. 12 x 11 500.– = 138 000.– (übersteigt somit die CHF 126 000.–).

Fallbeispiele Unfallversicherung; Seite 67

1. Ja. Lehrlinge, Heimarbeiter, Praktikanten, Volontäre sind ebenfalls obligatorisch versichert.
2. Als Arbeitnehmer gilt die Person, die eine unselbstständige Erwerbstätigkeit ausübt.
3. Nein. Seit dem 1. Januar 2008 ist dies nicht mehr möglich.
4. Nein. Erst der Weg vom neuen Aufenthaltsort in der Schweiz zur Arbeit gilt als Arbeitsweg.
5. Der Anspruch entsteht am dritten Tag nach dem Unfall, sofern die Person aufgrund des Unfalls teilweise und ganz arbeitsunfähig ist.
6. Das maximale Taggeld bei voller Arbeitsunfähigkeit entspricht maximal 80% des versicherten Verdienstes.
7. CHF 126 000.–.

Fallbeispiele BVG; Seite 85

1. Die Risiken Tod und Invalidität. Das Risiko Alter kommt ab dem 1. Januar nach vollendetem 24. Altersjahr dazu.
2. Ja, sofern er die Lohngrenze von CHF 21 060.– pro Jahr erreicht.
3. Aus den fünf Teilen Altersgutschrift, Risikoprämien, Teuerungsausgleich, Sicherheitsfonds, Verwaltungskosten.
4. Der maximal versicherbare Lohn beträgt CHF 84 240.– pro Jahr. Es kann aber auch der AHV-Lohn versichert werden. Ebenfalls ein höherer Betrag ist versicherbar im Überobligatorium (bis zu CHF 835 200.–).
5. Maximal drei Monate.
6.

a) 5500.– x 13 = CHF 71 500.– ./. Koordinationsabzug von CHF 24 570.– = CHF 46 930.–.

b) 3500.– x 12 + CHF 6000.– = CHF 48 000.– ./. Koordinationsabzug von CHF 24 570.– = CHF 23 430.–.

Fall 7; Seite 100

a)

Bruttolohn		5200.–*
– AHV, IV, EO, ALV	6,25% von 4000.–	325.–
– NBU	2% von 4000.–	80.–
– KTG	1% von 4000.–	40.–
Netto		**4755.–**

* CHF 1200.– von der Versicherung.

b) Es wäre dieselbe Abrechnung. KTG und UVG-Taggelder sind nicht abrechnungspflichtig.

Fall 8; Seite 113

Die Entschädigung wird wie folgt berechnet:

CHF 7850.– x 0,80 : 30 = CHF 209.35

Sie erhält jedoch nur CHF 196.–, da dies die maximale Entschädigung pro Tag ist.

Fall 9; Seite 118

Entschädigung EO		4500.–
Lohnanteil		2000.–
Total Bruttolohn		6500.–
– AHV, IV, EO, ALV	6,25% von 2000.–	125.–
– NBU	2% von 2000.–	40.–
– KTG	1% von 2000.–	20.–
Nettolohn		**6315.–**

Fall 10; Seite 162

Krankentaggeld		4500.–
Lohnanteil		8500.–
Total		**13 000.–**
+ Spesen		400.–
+ Kinderzulagen	1 x 200.– / 1 x 250.–	450.–
Total Bruttolohn		**13 850.–**
- AHV, IV, EO	5,15% auf 8500.–	437.75
- ALV	1,1% auf 8500.–	93.50
- ALV-Zusatz entfällt, da nur 8500.– pflichtig		–
- NBU	1% auf 8500.–	85.–
- KTG	1,5% auf 8500.–	127.50
- BVG	fix	900.–
- QST	auf 13 850.–; Tarif C2 8,93%	1236.80
Nettolohn		**10 969.45**

Fall 11; Seite 163

Bruttolohn		4851.–	(198.– x 24.50)
Ferienentschädigung 8,33% (= 4 Wochen)		404.10	(4851.– x 8,33%)
Total Lohnanteile		**5255.10**	
+ Kinderzulagen	3 x 200.–	600.–	
		5855.10	
- AHV, IV, EO	5,15% auf 5255.10	270.65	(4851.– + 404.10)
- ALV	1,1% auf 5255.10	57.80	
- NBU	1% auf 5255.10	52.55	
- KTG	1,5% auf 5255.10	78.80	
- BVG	fix	300.–	
- QST	auf 5855.10; Tarif B3, 0,27%	15.80	
Nettolohn		**5079.50**	

Fall 12; Seite 163

a)

Bruttolohn		5500.–	
– AHV/IV/EO	5,15%	83.25	
– ALV	1,1%	60.50	
– NBU	1%	55.–	
– KTG	1,5%	82.50	
– BVG	fix	350.–	
– QST	4,5% Grenzgänger pauschal	247.50	(auf 5500.–)
Nettolohn		**4421.50**	

b)

Nein, Frau Soleil hat keinen Steuervorteil. Sie wird in Frankreich wie folgt besteuert:

Französische Steuer ./. Quellensteuer = Nachzahlung.

Anhänge

Anhang 1: Massgebender Lohn für AHV, IV, EO

Der massgebende Lohn ist für vieles wichtig. Zum einen ist er immer die Grundlage für die Berechnung der Beiträge an die AHV, IV, EO und ALV.

Als massgebender Lohn gilt immer alles, was ein unselbstständig erwerbender Arbeitnehmer als Entgelt (sei dies bar, als Naturallohn oder als Salärüberweisung auf ein Konto) von seinem Arbeitgeber erhält.

Dieser Lohn setzt sich meistens zusammen aus einem Grundlohn, der im Vertrag vereinbart wurde (plus eventuell 13. Monatslohn), sowie allen Entschädigungen und Zulagen.

Entschädigungen können vergütet werden für Überzeit, Nachtschichten. **Zulagen** kann ein Arbeitnehmer zum Beispiel für Arbeiten unter besonderen Umständen wie Arbeit im Wasser oder bei extremer Hitze, Staub usw. erhalten.

Des Weiteren gehören zum massgebenden Lohn auch 13. Monatslöhne, Gratifikationen, Gewinnbeteiligungen usw.

Auf der nachfolgenden Liste der SVA Zürich ist genau ersichtlich, was alles zum massgebenden Lohn gehört und was nicht.

Warum ist das wichtig?

Für alles, was als massgebender Lohn qualifiziert ist, müssen Sozialabzüge getätigt werden. Das heisst, AHV, IV, EO und ALV müssen abgezogen werden.

Im Gegenzug müssen für alles, was **nicht** zum massgebenden Lohn gehört, keine AHV-, IV-, EO- und ALV-Beiträge bezahlt werden.

SVA Zürich

Was gehört zum massgebenden Lohn?

Grundlage für die Berechnung der Beiträge an AHV, IV, EO und Arbeitslosenversicherung ist der massgebende Lohn. Dieser umfasst das gesamte Bar- und Naturaleinkommen von Arbeitnehmenden.

Stichwort	Massgebender Lohn	Kein massgebender Lohn
Arbeitslohn	Stunden-, Tag-, Wochen-, Monatslohn; Stück-, Akkord- und Prämienlohn; Prämie und Entschädigung für Überzeitarbeit, Nachtarbeit und Stellvertreterdienst	
Zulage	Orts- und Teuerungszulage	Familienzulagen im orts- und branchenüblichen Rahmen
Arbeitsweg, Verpflegung, Wohnungswechsel	Entschädigungen für die normalen Fahrtkosten für den Arbeitsweg und für die üblichen Verpflegungskosten	Umzugsentschädigung bei beruflich bedingtem Wohnungswechsel
Kost, Logis, Dienstauto	Regelmässige Naturalbezüge wie Verpflegung und Unterkunft, Privatbenützung von Dienstauto, Dienst-wohnung usw.	
Prämie, Geschenk	Gratifikation, Dienstaltersgeschenk, Treue- und Leistungsprämien, Prämien für Verbesserungsvorschläge	Verlobungs- und Hochzeitsgeschenke, Naturalgeschenke unter CHF 500.00 im Jahr; Anerkennungsprämien bis zu CHF 500.00 für das Bestehen von beruflichen Prüfungen, Zuwendungen anlässlich eines Betriebsjubiläums (frühestens 25 Jahre nach der Gründung, dann alle 25 Jahre)
Mitarbeiteraktien	Vergünstigung bei Bezug von Mitarbeiteraktien und anderen Beteiligungsrechten	
Gewinnanteil	Gewinnanteil von Arbeitnehmenden, soweit er den Zins einer Kapitaleinlage übersteigt	
Trinkgeld	Bedienungs- und Trinkgelder, soweit sie ein wesentlicher Lohnbestandteil sind	
Provision, Kommission	Provisionen und Kommissionen	

Tantièmen, Entschädigungen, Sitzungsgelder	Tantièmen, feste Entschädigungen und Sitzungsgelder an Mitglieder der Verwaltung und der geschäftsführenden Organe	
Behördenmitglieder	Einkommen von Behördenmitgliedern von Bund, Kantonen und Gemeinden	
Privatdozentinnen, Privatdozenten	Honorare von Privatdozentinnen und Privatdozenten und ähnlich besoldeten Lehrkräften	
Krankheit, Unfall, Invalidität, Tod	Lohnfortzahlungen infolge Krankheit oder Unfall	Versicherungsleistungen bei Unfall, Krankheit oder Invalidität
	Taggelder der IV oder Militärversicherung	
		Beiträge der Arbeitgebenden an die Kranken- und Unfallversicherungen ihrer Arbeitnehmenden, sofern sie die Prämien direkt an die Versicherung bezahlen und alle Arbeitnehmenden gleich behandeln
		Zuwendungen beim Tod von Angehörigen von Arbeitnehmenden oder an deren Hinterlassene
		Beiträge der Arbeitgebenden an Arzt-, Arznei-, Spital- und Kurkosten, sofern diese nicht durch die obligatorische Krankenpflegeversicherung gedeckt sind und sofern alle Arbeitnehmenden gleich behandelt werden
Militär, EO, Mutterschaftsentschädigung, Sold, Feuerwehr, Kurse	Lohnfortzahlungen und Erwerbsersatz für Dienstleistende und bei Mutterschaft	Militärsold und Sold an Zivilschutzleistende, Taschengeld für Zivildienstleistende, soldähnliche Vergütungen in öffentlichen Feuerwehren und in Kursen für Jungschützenleiterinnen und -leiter und für Leiterinnen und Leiter von „Jugend und Sport“
Beiträge an AHV, IV, EO und ALV	Von Arbeitgebenden bezahlte Arbeitnehmerbeiträge an AHV, IV, EO und Arbeitslosenversicherung	Von Arbeitgebenden bezahlte Arbeitnehmerbeiträge auf Naturalleistungen und Globallöhnen
Steuern	Von Arbeitgebenden bezahlte Steuern	

Ferien, Feiertage	Ferien- und Feiertagsentschädigungen, Ferienzuschläge	
Abgangsentschädigung	Abgangsentschädigungen und freiwillige Vorsorgeleistungen, sofern sie eine bestimmte Grenze überschreiten. Die Ausgleichskasse beurteilt den Einzelfall.	
Arbeitslosigkeit, Insolvenz	Taggelder der ALV und Insolvenzentschädigungen	
Kurzarbeit, schlechtes Wetter	Ausfallender Lohn während Kurzarbeit oder Arbeitseinstellung wegen schlechten Wetters im Sinne der ALV.	
Berufliche Vorsorge		Reglementarische Leistungen von Pensionskassen, wenn die Begünstigten bei Eintritt des Vorsorgefalls oder bei Auflösung der Vorsorgeeinrichtung die Leistungen persönlich beanspruchen können
	Von Arbeitgebenden übernommene laufende Beiträge oder Einkaufsbeiträge der Arbeitnehmenden, wenn die Übernahme in Reglement oder Statuten der Vorsorgeeinrichtung nicht vorgeschrieben ist	Reglementarische Beiträge der Arbeitgebenden an steuerbefreite Vorsorgeeinrichtungen
Stipendien		Stipendien und ähnliche Zuwendungen, sofern sie nicht aus dem Arbeitsverhältnis fliessen oder die Arbeitgebenden nicht über das Arbeitsergebnis verfügen können

Quelle: SVA Zürich

Anhang 2: Skala 44

Diese Skala ist für die Berechnung von AHV- und IV-Vollrenten verbindlich. Massgebend ist immer das durchschnittliche Jahreseinkommen aller Beitragsjahre.

Es gibt eine weitere Skala, auf der die Teilrenten ersichtlich sind (¾-, ½-, ¼- Renten).

Wie funktioniert die Skala 44?

1. Es müssen sämtliche Einkommen **aller** Jahre zusammengezählt werden.
2. Diese Summe muss durch die Anzahl Beitragsjahre (das sind die Jahre, in denen man AHV-Beiträge geleistet hat) dividiert werden.
3. Man erhält nun das durchschnittliche Jahreseinkommen.

 Beispiel:

Frau Steiner hat während 32 Jahren gearbeitet und ein Einkommen von insgesamt CHF 1 782 000.– verdient. Dieses Einkommen wird nun durch 44 Beitragsjahre (immer!) geteilt. Dies ergibt den durchschnittlichen Jahreslohn von CHF 40 500.–.

Bei diesem durchschnittlichen Jahreseinkommen von CHF 40 500.– wird eine AHV-Rente über CHF 1748.– ausbezahlt.

Wichtig:

Nur bei 44 Beitragsjahren und einem durchschnittlichen Einkommen von CHF 84 240.– wird der Höchstbetrag von CHF 2340.– erreicht.

AHV/IV-Renten ab 1. Januar 2013
Rentes AVS/AI dès le 1er janvier 2013

Skala / Echelle **44**

Monatliche Vollrenten
Rentes complètes mensuelles

Beträge in Franken
Montants en francs

Bestimmungsgrösse / Base de calcul	Alters- und Invalidenrente / Rente de vieillesse et d'invalidité	Alters- und Invalidenrente für Witwen/Witwer / Rente de vieillesse et d'invalidité pour veuves/veufs	Hinterlassenenrenten und Leistungen an Angehörige / Rentes de survivants et rentes complémentaires aux proches parents			
Massgebendes durchschnittliches Jahreseinkommen / Revenu annuel moyen déterminant			Witwen/Witwer / Veuves/Veufs	Zusatzrente / Rente complémentaire	Waisen- und Kinderrente / Rente d'orphelin ou pour enfant	Waisenrente 60 % *) / Rente d'orphelin 60 % *)
	1/1			1/1	1/1	1/1
bis jusqu'à						
14 040	1 170	1 404	936	351	468	702
15 444	1 200	1 440	960	360	480	720
16 848	1 231	1 477	985	369	492	738
18 252	1 261	1 513	1 009	378	504	757
19 656	1 292	1 550	1 033	387	517	775
21 060	1 322	1 587	1 058	397	529	793
22 464	1 353	1 623	1 082	406	541	812
23 868	1 383	1 659	1 106	415	553	830
25 272	1 413	1 696	1 131	424	565	848
26 676	1 444	1 732	1 155	433	577	866
28 080	1 474	1 769	1 179	442	590	885
29 484	1 505	1 806	1 204	451	602	903
30 888	1 535	1 842	1 228	461	614	921
32 292	1 565	1 878	1 252	470	626	939
33 696	1 596	1 915	1 277	479	638	957
35 100	1 626	1 952	1 301	488	651	976
36 504	1 657	1 988	1 325	497	663	994
37 908	1 687	2 025	1 350	506	675	1 012
39 312	1 718	2 061	1 374	515	687	1 031
40 716	1 748	2 097	1 398	524	699	1 049
42 120	1 778	2 134	1 423	534	711	1 067
43 524	1 797	2 157	1 438	539	719	1 078
44 928	1 816	2 179	1 453	545	726	1 089
46 332	1 835	2 201	1 468	550	734	1 101
47 736	1 853	2 224	1 483	556	741	1 112
49 140	1 872	2 246	1 498	562	749	1 123
50 544	1 891	2 269	1 513	567	756	1 134
51 948	1 909	2 291	1 528	573	764	1 146
53 352	1 928	2 314	1 542	578	771	1 157
54 756	1 947	2 336	1 557	584	779	1 168
56 160	1 966	2 340	1 572	590	786	1 179
57 564	1 984	2 340	1 587	595	794	1 191
58 968	2 003	2 340	1 602	601	801	1 202
60 372	2 022	2 340	1 617	607	809	1 213
61 776	2 040	2 340	1 632	612	816	1 224
63 180	2 059	2 340	1 647	618	824	1 236
64 584	2 078	2 340	1 662	623	831	1 247
65 988	2 097	2 340	1 677	629	839	1 258
67 392	2 115	2 340	1 692	635	846	1 269
68 796	2 134	2 340	1 707	640	854	1 280
70 200	2 153	2 340	1 722	646	861	1 292
71 604	2 172	2 340	1 737	651	869	1 303
73 008	2 190	2 340	1 752	657	876	1 314
74 412	2 209	2 340	1 767	663	884	1 325
75 816	2 228	2 340	1 782	668	891	1 337
77 220	2 246	2 340	1 797	674	899	1 348
78 624	2 265	2 340	1 812	680	906	1 359
80 028	2 284	2 340	1 827	685	914	1 370
81 432	2 303	2 340	1 842	691	921	1 382
82 836	2 321	2 340	1 857	696	928	1 393
84 240	2 340	2 340	1 872	702	936	1 404
und mehr et plus						

*) Beträge gelten auch für Vollwaisen- und ganze Doppel-Kinderrenten
*) Montants également applicables aux rentes d'orphelins doubles et aux rentes entières doubles pour enfants

Anhang 3: Basler, Berner und Zürcher Skala

Von dieser Skala haben wir in diesem Leitfaden viel gehört. Sie hat sich in der Praxis durchgesetzt und ist massgebend zur Berechnung der Lohnfortzahlung bei Krankheit und Unfall.

Es ist zu beachten, dass diese Lohnfortzahlung innerhalb eines Anstellungsjahres gültig ist. Ist ein Arbeitnehmer im Kalenderjahr jedoch mehrmals unverschuldet abwesend, erhält er nicht automatisch jedes Mal den Anspruch auf die Lohnfortzahlung.

Jedoch besteht bei jedem neuen Anstellungsjahr wieder dieser Höchstanspruch.

Lohnfortzahlung bei Krankheit und Unfall

Dauer des Arbeitsverhältnisses (Dienstjahr)	Basler Skala	Berner Skala	Zürcher Skala
bis 3 Monate	keine Lohnfortzahlungspflicht		
ab 3 bis 12 Monate	3 Wochen	3 Wochen	3 Wochen
im 2. Dienstjahr	9 Wochen	4 Wochen	8 Wochen
im 3. Dienstjahr	9 Wochen	9 Wochen	9 Wochen
im 4. Dienstjahr	13 Wochen	9 Wochen	10 Wochen
im 5. Dienstjahr	13 Wochen	13 Wochen	11 Wochen
im 6. Dienstjahr	13 Wochen	13 Wochen	12 Wochen
im 7. Dienstjahr	13 Wochen	13 Wochen	13 Wochen
im 8. Dienstjahr	13 Wochen	13 Wochen	14 Wochen
im 9. Dienstjahr	13 Wochen	13 Wochen	15 Wochen
im 10. Dienstjahr	13 Wochen	17 Wochen	16 Wochen
im 11. Dienstjahr	17 Wochen	17 Wochen	17 Wochen
im 12. Dienstjahr	17 Wochen	17 Wochen	18 Wochen
im 13. Dienstjahr	17 Wochen	17 Wochen	19 Wochen
im 14. Dienstjahr	17 Wochen	17 Wochen	20 Wochen
im 15. Dienstjahr	17 Wochen	22 Wochen	21 Wochen
im 16. Dienstjahr	22 Wochen	22 Wochen	22 Wochen
im 17. Dienstjahr	22 Wochen	22 Wochen	23 Wochen
im 18. Dienstjahr	22 Wochen	22 Wochen	24 Wochen
im 19. Dienstjahr	22 Wochen	22 Wochen	25 Wochen
im 20. Dienstjahr	22 Wochen	26 Wochen	26 Wochen
im 21. Dienstjahr	26 Wochen	26 Wochen	27 Wochen
Im 25. Dienstjahr	26 Wochen	30 Wochen	31 Wochen
im 30. Dienstjahr	26 Wochen	33 Wochen	36 Wochen
im 35. Dienstjahr	26 Wochen	39 Wochen	41 Wochen
im 40. Dienstjahr	26 Wochen	39 Wochen	46 Wochen

Quelle: WEKA Verlag AG

Stichwortverzeichnis